U0941280

21 世纪高职高专规划教材 ◆ 经贸类通用系列

市场营销实战

SHICHANG YINGXIAO SHIZHAN

主　编　李　英　王喜庆

副主编　沈淑荣　郭红秋　郭悦娥

参　编　徐玉萍　楚　明　吴　奕　范晓娟

中国人民大学出版社

·北京·

前　言

作为企业的一项基本经营活动，市场营销在市场经济日趋完善、市场竞争日益激烈、世界经济一体化进程不断加快的今天已经成为企业生存发展的关键。因此，企业急需既懂市场营销理论，又能很好地进行市场营销运作的高素质人才。基于目前高职高专院校对实战操作演练的重视，为满足企业及教学需要，我们编写了本教材。

为进一步体现职业教育的特征，树立以学习者为中心的教学理念，落实以实训为导向的教学改革，根据《国家职业教育改革实施方案》，本教材将"企业岗位（群）任职要求、职业标准、工作过程或产品"作为教材主体内容，将"以德树人"有机融合到教材中，提供丰富、适用和引领创新的信息化课程资源，实现教材的多功能作用并构建深度学习的管理体系。本教材具有以下特色：

1. 基于企业典型工作任务设计教材微观结构、内容与学习成果测试标准，体现以任务与学习成果为导向的教材体例结构。

2. 教材中的营销资料、案例、任务等都来源于真实案例，经过整合、概括，使其具备完整的结构要素和先进性、适用性、规范性。

3. 体现职业性，实现"课、证、岗"融通。针对职业岗位（群）的任职要求，将省级（五至三级）营销师职业资格考试应具备的知识与技能融入教材中，实现"课、证、岗"的衔接。

4. 体现以学生为中心的理念，培养学生的创新创业能力。

5. 以"实战演练"培养营销岗位的专业技能和综合素质。本书一改以往教材将实训操作作为课后练习的做法，将实战演练作为一个任务与课堂教学有机结合起来，要求学生通过社会调查和社会实践，运用所学的营销知识，设计营销专题，完成营销策划活动，突出培养学生的专题研讨能力、团队合作能力、文案写作能力、营销方案策划能力和执行能力。

教材编写组由高职院校有丰富专业知识和多年教学经验的教师，以及在企业一线工作二十余年担任实职高管的人员组成。全书由李英、王喜庆老师担任主编，负责教材框架设计、拟定编写大纲和统稿。各项目分工如下：项目一由沈淑荣编写；项目二由郭红秋编写；项目三由李英编写；项目四由郭悦娥编写；项目五由郭红秋、沈淑荣、徐玉萍、郭悦娥、吴奕、范晓娟编写；项目六由楚明编写；项目七由王喜庆编写。

编者参考了很多文献资料，在此对这些文献资料的原创者表示衷心的感谢！由于时间仓促，编者水平有限，书中难免存在疏漏及不足之处，敬请专家及读者批评指正，以便进一步修改和完善。

编者

目 录

项目一

设立企业

职业知识

1. 把握设立企业的条件与流程；
2. 了解市场营销组织的类型及其适用情况；
3. 理解企业营销观念。

职业能力

1. 能根据设立公司的条件与流程组建公司；
2. 能根据公司业务特点选择合适的市场营销组织类型；
3. 能灵活运用现代市场营销观念，准确分析营销现象和问题，顺利开展营销活动。

任务一　设立企业的流程

任务导入

国家中小企业发展基金有限公司成立或撬动千亿社会资本

2020 年 6 月 22 日，国家中小企业发展基金有限公司正式成立，注册资本 357.5 亿人民币。该公司由财政部、中国烟草、中国人寿等国家部委、国企牵头，标志着国家中小企业发展基金开始正式作为母基金开展实体运营，并有望通过引导社会资本使子基金总规模放大至 1 000 亿元。

据了解，国家中小企业发展基金设有基金理事会，理事会由财政部、工信部、科技部、发展改革委、市场监督管理总局等五部委组成。理事会办公室设在工业和信息化部中小企业局，负责理事会日常工作，并贯彻三个原则：一是基金投向要进一步体现市场化运作与政策目标的有机结合，统筹考虑行业性、区域性等政策要求；二是要实现与各地方政府引导基金、市场化基金的联动投资，充分体现国家财政资金的放大效应；三是要研究探索投贷联动机制，为中小企业提供更加多元化的融资服务方式。

资料来源：中国新闻网. 国家中小企业发展基金有限公司成立或撬动千亿社会资本.(2020-06-24)[2020-07-27]. https://m.chinanews.com/business/2020/06-24/9220680.shtml.

任务分析

创业者最关心的莫过于资金问题，以及如何规范地设立企业。而对于一个企业来说，营销工作是其关键职能，企业务必要构建适合自身的营销组织，通过开展营销调研、进行市场定位、制定营销组合方案来有效地开展营销工作，促进企业的长久发展。那么我们应该怎样设立企业呢？又该如何构建适合的营销组织，有效开展营销工作呢？

知识对接

一、选择企业的法律形式

根据有关法律、法规的规定，目前我国的企业共有三种组成形式：个人独资企业、合伙企业、公司。

（一）个人独资企业

个人独资企业，也称业主制企业，是指在中国境内设立，由一个自然人投资，财产为投资人个人所有，投资人以其个人财产对债务承担无限责任的经营实体。

1. 特点

（1）企业的建立与解散程序简单。

（2）经营管理灵活自由。企业主可以完全根据个人的意志确定经营策略，进行管理决策。

（3）企业主对企业的债务负无限责任。当企业的资产不足以清偿其债务时，企业主以其个人财产偿付企业债务。这有利于保护债权人利益，但同时也使个人独资企业不适宜风险大的行业。

（4）企业的规模有限。独资企业有限的经营所得、企业主有限的个人财产、企业主一人有限的工作精力和管理水平等都制约着企业经营规模的扩大。

（5）企业的存在缺乏可靠性。独资企业的存续完全取决于企业主个人的得失安危，企业的寿命有限。

2. 优缺点

（1）优点。

1）企业资产所有权、控制权、经营权、收益权高度统一。这有利于保守与企业经营和发展有关的秘密，有利于企业主个人创业精神的发扬。

2）企业主自负盈亏和对企业的债务负无限责任成为强硬的预算约束。企业经营好坏同企业主个人的经济利益乃至身家性命紧密相连，因而，企业主会尽心竭力地把企业经营好。

3）企业的外部法律法规等对企业的经营管理、决策、进入与退出、设立与破产的制约较小。

（2）缺点。

虽然独资企业有如上优点，但它也有比较明显的缺点：

1）难以筹集大量资金。因为一个人的资金终归有限，以个人名义借贷款难度也较大。因此，限制了企业的扩展和大规模经营。

2）投资者风险巨大。企业主对企业负无限责任，在强化了企业预算约束的同时，也带来了企业主承担的风险过大的问题，从而限制了企业主向风险较大的部门或领域进行投资的活动。这对新兴产业的形成和发展极为不利。

3）企业连续性差。企业所有权和经营权高度统一的产权结构，虽然使企业拥有充分的自主权，但这也意味着企业是自然人的企业，企业主发生疾病或死亡等，其个人及家属知识和能力的缺乏，都可能导致企业破产。

4）企业内部的基本关系是雇佣劳动关系，劳资双方利益目标的差异，构成企业内部组织效率的潜在危险。

小思考 个人独资企业与个体工商户的关系是怎样的？

（二）合伙企业

合伙企业是指在中国境内设立的由各合伙人订立合伙协议，共同出资、合伙经营、共享收益、共担风险，并对合伙企业债务承担无限连带责任的营利性组织。合伙企业一般无法人资格，不缴纳企业所得税，缴纳个人所得税。

1. 特点

（1）生命有限。合伙企业比较容易设立和解散。合伙人签订了合伙协议，就宣告合伙企业的成立。新合伙人的加入，旧合伙人的退休、死亡、自愿清算、破产清算等均可造成新合伙企业的成立以及原合伙企业的解散。

（2）责任无限。合伙组织作为一个整体对债权人承担无限责任。按照合伙人对合伙企业的责任，合伙企业可分为普通合伙企业和有限合伙企业。普通合伙企业的合伙人均为普通合伙人，对合伙企业的债务承担无限连带责任。例如，甲、乙、丙三人成立的普通合伙企业破产，当甲、乙已无个人资产抵偿企业所欠债务时，虽然丙已依约还清应分摊的债务，但仍有义务用其个人财产为甲、乙两人付清所欠的应分摊的合伙债务，当然此时丙对甲、乙拥有财产追索权。有限合伙企业由一个或几个普通合伙人和一个或几个责任有限的合伙人组成，即合伙人中至少有一个人要对企业的经营活动负无限责任，而其他合伙人只以其出资额为限对债务承担责任，因而这类合伙人一般不直接参与企业经营管理活动。

（3）相互代理。合伙企业的经营活动，由合伙人共同决定，合伙人有执行和监督的权利。合伙人可以推举负责人。合伙负责人和其他人员的经营活动，由全体合伙人承担民事责任。换言之，每个合伙人代表合伙企业所发生的经济行为对所有合伙人均有约束力。因此，合伙人之间较易发生纠纷。

（4）财产共有。合伙人投入的财产，由合伙人统一管理和使用，不经其他合伙人同意，任何一位合伙人不得将合伙财产移为他用。只提供劳务、不提供资本的合伙人仅有权分享一部分利润，而无权分享合伙财产。

（5）利益共享。合伙企业在生产经营活动中所取得、积累的财产，归合伙人共有。如有亏损则亦由合伙人共同承担。损益分配的比例，应在合伙协议中明确规定；未经规定的可按合伙人出资比例分摊，或平均分摊。以劳务抵作资本的合伙人，除另有规定者外，一般不分摊损失。

2. 优缺点

（1）优点。

1）与个人独资企业相比较，合伙企业可以从众多的合伙人处筹集资本，合伙人共同偿还债务，减少了银行贷款的风险，使企业的筹资能力有所提高。

2）与个人独资企业相比较，合伙企业能够让更多投资者发挥优势互补的作用，比如技术、知识产权、土地和资本的合作，并且投资者更多，事关自己切身利益，大家共同出力谋划，集思广益，有利于提升企业综合竞争力。

3）与一般公司相比较，由于合伙企业中至少有一个人负无限责任，因此债权人的利益受到更大保护，从理论上来讲，在这种无限责任的压力下，更能提升企业信誉。

4）与一般公司相比较，从理论上来讲，合伙企业盈利更多，因为合伙企业交的是个人所得税而不是企业所得税，这也是其高风险成本的收益。

（2）缺点。

1）由于合伙企业的无限连带责任，对合伙人不是十分了解的人一般不敢入伙；就算以有限责任人的身份入伙，但有限责任人不能参与企业事务管理，这就使其对无限责任人有所担心，怕他不全心全意地进行经营，而无限责任人在分红时，觉得所有经营都是自己在做，有限责任人仅凭一点资本投入就坐收盈利，又会感到委屈。因此，合伙企业是较难做大做强的。

2）虽说连带责任从理论上来讲有利于保护债权人，但在现实生活中操作起来往往不然。当一个合伙人有能力还清整个企业的债务，而其他合伙人连还清自己那份的能力都没有时，按连带责任来讲，这个有能力的合伙人应该还清企业所欠所有债务。但是，他如果这样做了，再去找其他合伙人要回自己垫付的债款时可能就会比较麻烦，因此，合伙企业可能存在债务承担方面的问题。

（三）公司（公司制企业）

公司是指以营利为目的，依法设立的具有法人资格的企业组织形式。在我国，公司可分为有限责任公司和股份有限公司两种形式。有限责任公司是指股东以其出资额为限对公司承担责任，公司以其全部资产对公司的债务承担责任的法人企业。股份有限公司是指由一定人数以上的股东组成，公司全部资本分为等额股份，股东以其所持股份为限对公司承担责任，公司以全部资产对公司的债务承担责任的法人企业。

1. 有限责任公司

（1）特征。

有限责任公司是一种资合公司，但是也有人合公司的因素，它有如下特征：

1）有限责任公司的股东，仅以其出资额为限对公司承担责任。

2）有限责任公司的股东有最高人数的限制，根据我国《公司法》的规定，有限责任公司由 1 个以上 50 个以下股东共同出资设立。

3）有限责任公司不能公开募集股份，不能发行股票。

4）有限责任公司是将人合公司与资合公司的优点综合起来的公司形式。有限责任公司是享有法人权利的经营公司，由参加者投入的所有权（资本份额）组成固定资本。参加者按照份额获得参与公司管理的权利，并按份额得到公司的部分利润，即分得红利，在公司破产时得到破产份额，并依法享有其他权利。

（2）优缺点。

有限责任公司是我国企业实行公司制最重要的一种组织形式。其优点是设立程序比较简单，不必发布公告，也不必公布账目，尤其是公司的资产负债表一般不予公开，公司内部机构设置灵活。其缺点是由于不能公开发行股票，筹集资金范围和规模一般都比较小，难以适应大规模生产经营活动的需要。因此，有限责任公司这种形式一般适合于中小企业。

2. 股份有限公司

（1）特征。

1）公司的资本总额平分为金额相等的股份；

2）公司可以向社会公开发行股票筹资，股票可以依法转让；

3）法律对公司股东人数只有最低限制，无最高规定；

4）股东以其所认购股份对公司承担有限责任，公司以其全部资产对公司债务承担责任；

5）每一股有一表决权，股东以其所认购持有的股份，享受权利，承担义务；

6）公司应当将经注册会计师审查验证过的会计报告公开。

（2）设立方式。

股份有限公司的设立方式主要有以下两种：

1）发起设立。即所有股份均由发起人认购，不得向社会公开招募。

2）募集设立。即发起人只认购股份的一部分，其余部分向社会公开招募。在不同的国家，股份有限公司的设立规定有所不同。有的国家规定，只有在全部股份均被认足时，公司才得以成立。有的国家规定，股份有限公司实行法定资本制的，以认足全部股份为成立的条件；股份有限公司实行授权资本制的，可以不认足全部股份。

二、企业的设立条件

（一）个人独资企业的设立条件

（1）投资者为一个自然人；

（2）有合法的企业名称；

（3）有投资人申报的出资；

（4）有固定的生产经营场所和必要的生产经营条件；

（5）有必要的从业人员。

（二）合伙企业的设立条件

1. 有符合要求的合伙人

对合伙人的要求主要包括以下两点：（1）合伙人数应不少于 2 人。（2）合伙人必须具有相应的民事行为能力即为完全民事行为能力人且能承担无限责任。限制行为能力人不得作为合伙人，无行为能力人当然更不得作为合伙人，所以只有 18 周岁以上的人和已满 16 周岁未满 18 周岁但以自己的劳动收入作为主要生活来源的人，才能作为合伙人。

2. 有合伙协议

合伙协议是指合伙人为设立合伙企业而签订的合同。

3. 有合伙人实际缴付的出资

合伙人必须向合伙组织出资，合伙人出资的形式可以是货币、实物、土地使用权、知识产权或者其他财产权利。

4. 有合伙企业的名称

合伙企业作为市场主体之一，应有自己的名称。

5. 有经营场所

经营场所是指合伙企业从事生产经营活动的所在地，合伙企业一般只有一个经营场所。

（三）有限责任公司的设立条件

1. 股东符合法定人数

有限责任公司由 50 个以下股东出资设立。

2. 有符合公司章程规定的全体股东认缴的出资额

（1）注册资本认缴数额。

公司法规定，有限责任公司的注册资本为在公司登记机关登记的全体股东认缴的出资额。法律、行政法规以及国务院决定对有限责任公司注册资本实缴、注册资本最低限额另有规定的，从其规定。

公司注册资本认缴数额要适当，公司认缴的出资金额及出资期限将通过国家企业信用信息公示系统向社会进行披露，如果超出股东经济实力盲目认缴巨额资本，超过合理期限随意约定过长的出资时间，不仅会加大股东责任，而且会影响公司的公信度和竞争力。

（2）注册资本出资方式。

股东可以用货币出资，也可以用实物、知识产权、土地使用权等可以用货币估价并可以依法转让的非货币财产作价出资；但是，法律、行政法规规定不得作为出资的财产除外。

（3）注册资本缴纳的要求。

股东应当按期足额缴纳公司章程中规定的各自所认缴的出资额。股东不按照规定缴纳出资的，除应当向公司足额缴纳外，还应当向已按期足额缴纳出资的股东承担违约责任。

公司成立后，公司应当向股东签发出资证明书，股东不得抽逃出资。

3. 股东共同制定公司章程

有限责任公司章程应当载明下列事项：

（1）公司名称和住所；

（2）公司经营范围；

（3）公司注册资本；

（4）股东的姓名或者名称；

（5）股东的出资方式、出资额和出资时间；

（6）公司的机构及其产生办法、职权、议事规则；

（7）公司法定代表人；

（8）股东会会议认为需要规定的其他事项。

股东应当在公司章程上签名、盖章。

4. 有企业名称，建立符合有限责任公司要求的组织机构

（1）企业名称的组成。

企业名称一般由四部分组成：行政区划＋字号＋行业特点＋组织形式。例如：上海（行政区划名称）＋指南针（字号）＋旅行社（行业特点）＋有限公司（组织形式）。

微课：企业名称构成

1）行政区划名称：企业名称应当冠以企业所在地省（包括自治区、直辖市）或者市（包括州）或者县（包括市辖区）行政区划名称。

2）字号：字号应当由两个以上的字组成。企业有正当理由可以使用本地或者异地地名作字号，但不得使用县以上行政区划名称作字号。私营企业可以使用投资人姓名作字号。

3）行业特点：包括产品名称、行业名称或产业名称，如贸易、信息科技、广告、企业管理等。

4）组织形式：企业应当根据其组织结构或者责任形式，在企业名称中标明组织形式。所标明的组织形式必须明确易懂，如有限公司、股份有限公司、集团有限公司等。

下列企业的企业名称可以不冠以企业所在地行政区划名称：1）企业名称中使用"中国""中华"或者冠以"国际"字词的企业；2）历史悠久、字号驰名的企业；3）外商投资企业。

下列企业可以申请在企业名称中使用"中国""中华"或者冠以"国际"字词：1）全国性公司；2）国务院或其授权的机关批准的大型进出口企业；3）国务院或其授权的机关批准的大型企业集团；4）国家市场监督管理总局规定的其他企业。

（2）企业名称文字和内容的规定。

企业名称应当使用汉字，民族自治地方的企业名称可以同时使用本民族自治地方通用的民族文字。企业使用外文名称的，其外文名称应当与中文名称相一致，并报登记主管机关登记注册。

企业名称不得含有下列内容和文字：1）有损国家、社会公共利益的；2）可能对公众造成欺骗或者误解的；3）外国国家（地区）名称、国际组织名称；4）政党名称、党政军机关名称、群众组织名称、社会团体名称及部队番号；5）汉语拼音字母（外文名称中使用的除外）、数字；6）其他法律、行政法规规定禁止的。

同时，还应注意以下规定：1）确定企业名称时不得擅自使用他人已经登记注册的企业名称或者有其他侵犯他人企业名称专用权的行为。2）企业名称经核准登记注册后，无特殊原因在1年内不得申请变更。3）企业的印章、银行账户、牌匾、信笺所使用的名称应当与登记注册的企业名称相同。从事商业、公共饮食、服务等行业的企业名称牌匾可适当简化，但应当报登记主管机关备案。

做中学

请结合公司名称构成要素分析下述公司名称是否正确，如有不正确的，请指出并予以改正：

1. 慧通医疗器械有限公司
2. 北京市商贸有限公司
3. 北京江捷有限公司
4. 青岛海尔电冰箱公司
5. 上海大众汽车股份有限公司
6. 中国APEC农用机械有限公司（3位中国公民投资设立，注册资本50万元）

企业名称构成解析

（3）符合有限责任公司要求的组织机构。

有限责任公司要设股东会、董事会或者执行董事、监事会或者监事，还可以设经理。

1）股东会：是有限责任公司的权力机构，由全体股东组成。

2）董事会：对股东会负责，其成员为3人至13人，董事会设董事长一人，可以设副董事长。董事长、副董事长的产生办法由公司章程规定。

3）执行董事：股东人数较少或者规模较小的有限责任公司，可以设一名执行董事，不设董事会。执行董事可以兼任公司经理。

4）监事会或者监事：监事会成员不得少于三人。股东人数较少或者规模较小的有限责任公司，可以设一至二名监事，不设监事会。董事、高级管理人员（如经理、财务人员等）不得兼任监事。监事可以列席董事会会议，并对董事会决议事项提出质询或者建议。

5）经理：由董事会决定聘任或者解聘，对董事会负责，可以列席董事会会议。

股东会、董事会或者执行董事、监事会或者不设监事会的公司监事、经理的职权，在公司法中有明确的规定，详细内容可查阅公司法。

5. 有公司住所

公司住所是公司主要办事机构所在地，是法定的注册地址，不同于公司的生产经营场所。

（四）一人有限责任公司的设立条件

一人有限责任公司，是指只有一个自然人股东或者一个法人股东的有限责任公司。一人有限责任公司的设立和组织机构，应当符合以下条件：

（1）一个自然人只能投资设立一个一人有限责任公司。该一人有限责任公司不能投资设立新的一人有限责任公司。

（2）一人有限责任公司应当在公司登记中注明自然人独资或者法人独资，并在公司营业执照中载明。

（3）一人有限责任公司章程由股东制定。

（4）一人有限责任公司不设股东会。

（5）一人有限责任公司应当在每一会计年度终了时编制财务会计报告，并经会计师事务所审计。

（6）一人有限责任公司的股东不能证明公司财产独立于股东自己的财产的，应当对公司债务承担连带责任。

由于个人独资企业、合伙企业、有限责任公司（尤其是一人有限责任公司）设立门槛比较低，所以特别适合作为大众创业的选择。而股份有限公司成立的条件则比较严格，具体设立条件在这里不介绍。

小思考 请比较分析个人独资企业、合伙企业、公司制企业的区别，以及个人独资企业与一人有限责任公司的区别，表1－1、表1－2的行数可以自行添加。

表1－1

区别	法律形态		
	个人独资企业	合伙企业	公司制企业

表1－2

区别	法律形态	
	个人独资企业	一人有限责任公司

三、利用电子政务系统设立企业的流程

随着信息技术和网上办公技术的发展，市场监督管理部门面临着行政审批流程中的诸多问题。利用电子政务系统，以公众需求为主导，优化企业注册登记的行政审批流程，可以最大限度地缩短行政审批的时间，提高公众的满意度，为公众提供更加优质的服务。

本书以辽宁电子政务平台为例具体介绍企业设立的流程，主要有以下五个环节。

(1) 登录辽宁政务服务平台“辽宁政务服务网”(https://www.lnzwfw.gov.cn/)，如图1-1所示。

图1-1 辽宁政务服务平台

(2) 注册自然人用户(平台首页右上角)，如图1-2所示。

辽宁省人民政府 | 注册 登录 帮助手册 无障碍

图1-2 注册自然人用户

(3) 进行身份认证，如图1-3所示。

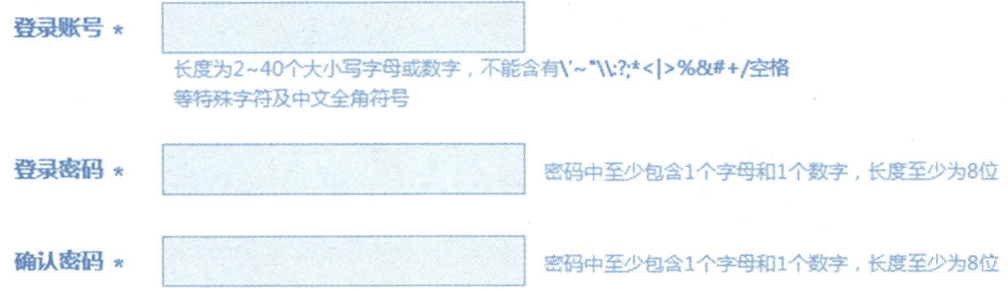

图1-3 身份认证

(4) 单击“工商全程电子化”，如图1-4所示，然后单击“企业办理通道”→“名称自主申报”，逐项填写信息，申报成功后打印“名称自主申报告知书”。

图1-4 单击“工商全程电子化”

(5) 单击“企业登记业务”，如图1-5所示，在名称申报成功后单击“办理”，按如下流程操作。

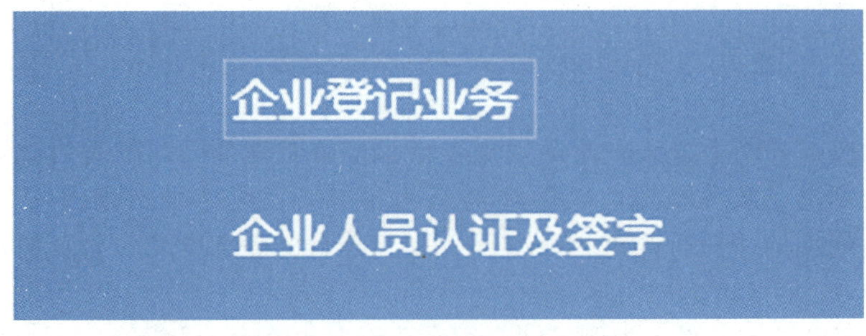

图1-5 单击“企业登记业务”

1）逐项填写信息（经理产生方式为“聘任”，其余人员一个股东的选择“委派”，两个股东以上的选择“选举”）。

2）生成申请书、章程、法定代表人任职文件、执行董事等任职文件、住所承诺书、名称自主申报承诺书 6 份材料。企业根据自身实际情况来确定具体需要填写的材料。

3）上传以下材料：

A. 股东主体资格证明（法人股东执照副本照片）或自然人身份证明（身份证原件正反两面照片）；

B. 住所使用证明：a. 名称自主申报告知书；b. 房照照片（或者商品房买卖合同+房屋预售许可证）；c. 房屋租赁合同（合同乙方用“某某有限公司（筹）”表述，乙方拟任法定代表人代表乙方签字，租期及合同签订日期需在名称自主申报日期当天或者之后）。

4）身份认证及电子签名：扫描对应二维码进行认证及电子签名。

5）终极实名认证：用安卓系统手机登录辽宁市场主体登记全程电子化平台，单击认证 App 下载链接安装辽宁企业登记实名认证小程序（2020 年 1 月 1 日前已下载的需要卸载后重新下载安装）。再用手机入口扫描涉及人员的对应二维码，进行活体检测。

6）提交材料（提交前可单击生成的文件名称预览相关材料进行核对），等待查记窗口审核反馈受理意见，没有问题的由被委托人领取纸质版营业执照。

以上登记流程及操作办法可直接登录辽宁市场主体登记全程电子化平台单击“企业操作视频”和“办理企业操作说明”查看视频演示及文字说明。

四、构建市场营销组织

（一）市场营销组织的概念

市场营销组织是指企业内部涉及市场营销活动的各个职位及其结构。理解这一概念必须注意两个问题：

（1）并非所有的市场营销活动都发生在同一组织岗位。

（2）不同企业对其经营管理活动的划分是不同的。如信贷，对有的企业来说是市场营销活动，而对有的企业来说是会计活动。

（二）市场营销组织的类型

为了实现企业目标，企业必须构建合适的市场营销组织，常见的市场营销组织类型有以下几种。

1. 职能型市场营销组织

职能型市场营销组织是最常见的营销组织形式，根据各种营销职能设立不同的部门，它们分别对市场营销经理负责，市场营销经理负责协调它们的工作。如图 1－6 所示。

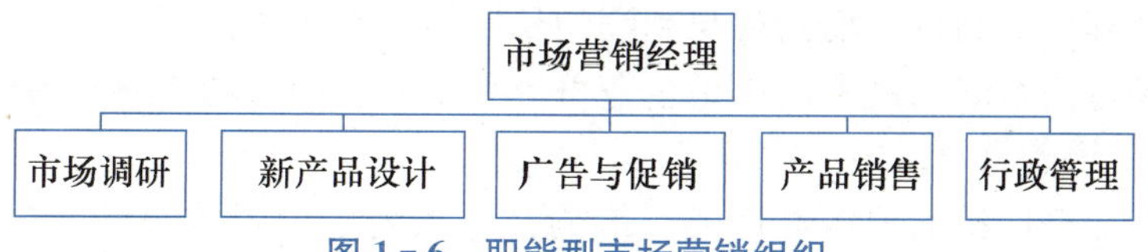

图 1－6 职能型市场营销组织

其优点是组织管理工作简化，职责明确，效率较高。缺点是各功能部门都强调各自发展目标的重要性。

2．产品型市场营销组织

产品型市场营销组织是指以产品为基本因素进行管理而形成的功能经理（方法经理）和产品经理（策划经理）并存的组织形式。在一般情况下，经营多种产品的企业经常采用这种组织形式。如图 1－7 所示。

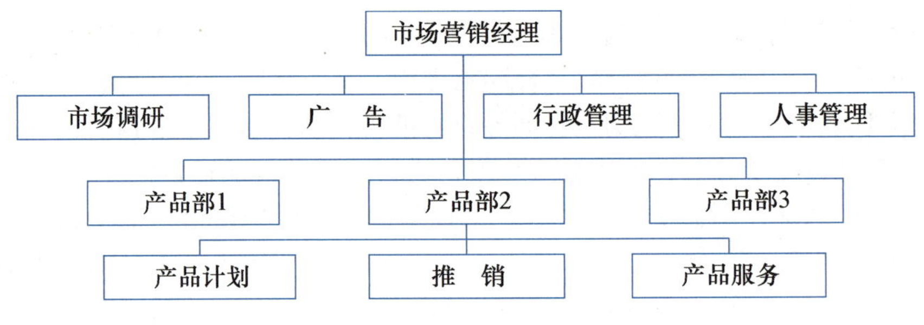

图 1－7　产品型市场营销组织

小思考　请举例说明以产品型组织形式设立企业市场营销组织的企业。

3．市场型市场营销组织

市场型市场营销组织是指以市场为基本因素进行分工，设立市场经理，建立其管理组织的组织形式。如图 1－8 所示。

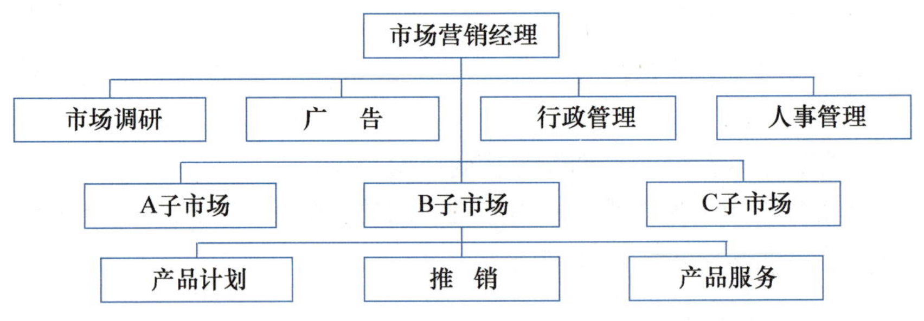

图 1－8　市场型市场营销组织

这种组织形式有以下特点：

（1）市场营销经理与市场调研、广告、行政管理、人事管理等功能经理、负责下面的子市场经理的管理。

（2）一个市场经理下属几个市场专家，甚至有自己的推销组织。

（3）市场经理负责制订市场销售与利润的长期规划和年度计划。

市场型市场营销组织的最大优点是企业可以根据不同的市场需要开展活动。

4．地理型市场营销组织

有的大型企业有广泛的地域性市场，因而往往按地区设置垂直的地区市场营销组织。如图 1－9 所示。

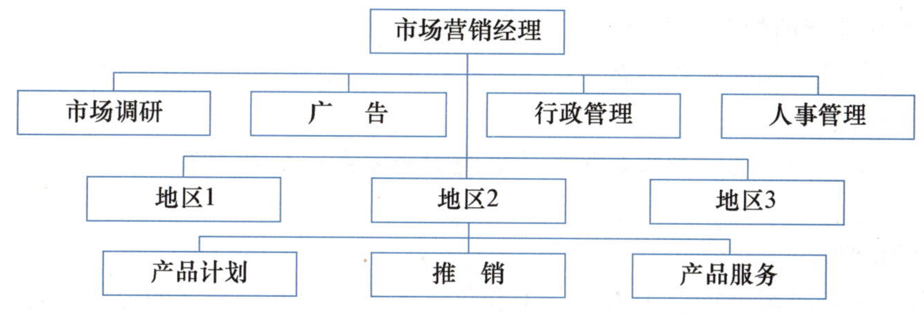

图 1-9　地理型市场营销组织

地理型组织的优点是由于管理层次加强，各级销售经理可以有效地指挥、监督下级销售机构完成各种任务，以提高推销工作的效率。

小思考　归纳市场营销组织的类型。

（三）市场营销组织的设计与调整

1. 市场营销组织的设置原则

（1）整体协调原则。

企业设置的市场营销组织，要能够有利于企业与外部环境，尤其是与市场、顾客之间关系的协调，能够与企业的其他机构相互协调；同时，市场营销组织内部的人员结构、职位层次设置也要相互协调。

（2）适当的管理跨度和管理层次原则。

管理跨度，又称管理宽度和管理幅度，指领导者能够有效地直接指挥的部门或员工的数量，这是一个“横向”的概念。

管理层次又称管理梯度，指一个组织属下等级的数目，这是一个“纵向”的概念。

在管理职能、范围不变的条件下，一般来说，管理跨度与管理层次是互为反比的关系，管理的跨度越大，层次越少；反之，跨度越小，则层次越多。

（3）有效性原则。

市场营销组织要达到工作的高效率，必须具备一些基本条件：市场营销部门要有与完成自身任务相一致的权力；市场营销部门要有畅通的内外部信息渠道；善于用人，各司其职。

2. 市场营销组织的设计

设计和发展市场营销组织是每一位市场营销经理的根本任务之一。设计企业的市场营销组织，首先需要明确市场营销组织的目标及制约因素，然后按照一定程序进行设计。

（1）市场营销组织的目标。

市场营销组织的目标包括以下三个方面：

1）不断适应外部环境，并对市场变化做出积极反应。

2）使市场营销效率最大化。

3）代表并维护消费者利益。

（2）市场营销组织的制约因素。

1）企业规模。

一般情况下，企业规模越大，市场营销组织越复杂；企业规模越小，市场营销组织越简单。

2）市场特性。

一般情况下，决定市场营销人员分工和负责区域的依据是市场的地理位置。

3）产品特点。

产品特点包括企业的产品种类、产品特色、产品项目的关联性以及产品技术服务方面的要求等。

（3）市场营销组织的设计程序。

一般来说，市场营销组织的设计程序主要包括以下六个步骤，如图1-10所示。

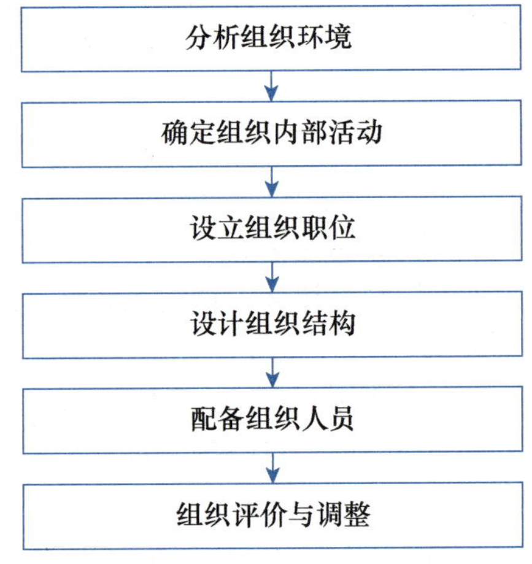

图1-10　市场营销组织的设计程序

1）分析组织环境。

2）确定组织内部活动。

3）设立组织职位。

企业在确定了市场营销组织内部活动之后，还要设立组织职位，使这些组织活动有所归属。为此需考虑三个因素，即职位类型、职位层次和职位数量。

依据不同的标准，可以将职位类型分为以下几种：一是直线型和参谋型，二是专业型和协调型，三是临时型和永久型。

4）设计组织结构。

企业要建立高效的市场营销组织，需要在设计市场营销组织结构时处理好分权化程度和管理宽度两个主要问题。分权化程度，指权力的分散程度。管理宽度，即每一个上级所能控制的下级人数。一般来说，分权化程度越高，管理宽度越大，组织效率越高。

通常分权化程度与组织效率成正比。注意这里有一个前提即企业聘用的员工是称职的，如果员工本身不具备一定素质，提高分权化程度是不能够提高组织效率的。

5）配备组织人员。

6）组织评价与调整。

3. 市场营销组织的调整

市场营销组织需要调整的原因主要有：外部环境变化；组织主管人员变动；组织存在明显缺陷；组织内部主管人员间有尖锐矛盾。它们往往会导致市场营销组织出现不适应、低效的状况。这就需要企业经常检查，发现问题要及时对其进行调整。

 **小思考** 市场营销组织是一成不变的吗？

任务二 树立现代营销观念

任务导入

老乡鸡董事长手撕员工联名信却大获好评

2020 年元宵节，著名餐饮品牌老乡鸡发布了一个“刚刚！老乡鸡董事长手撕员工联名信”的视频，引发刷屏。视频中，董事长束从轩亲自出镜，讲述因疫情影响，老乡鸡亏损至少 5 个亿，感谢武汉的老乡鸡员工为医护人员送餐。倡导所有人在家隔离，为国家做贡献，另外，就是在家也要多活动。最后，束从轩手撕员工发起的不要工资联名信，并表示卖房卖车也要让员工有饭吃，可以说是正能量满满。

视频发出后，迅速引起刷屏，并大获好评，“好老板”的声音不绝于耳，老乡鸡也妥妥地吸了一波粉。不得不说这是一起非常成功的公关营销事件，不管是刻意营销，还是真情流露，都已经成功了。

任务分析

从公关营销的角度来看，上述案例有如下三点值得学习：标题带来反差营销效果，事半功倍；段子手＋正能量，既亲民又容易引发共鸣；公关营销方式新颖，更显真实。

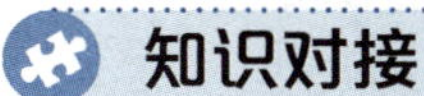

知识对接

一、认知营销观念

营销观念，或称营销理念，又称市场营销管理理念，是指企业从事市场营销活动及管理过程的指导思想或根本看法和根本态度，也就是企业在开展市场营销活动的过程中，在处理企业、顾客和社会三方利益方面所持的态度和指导思想。它在企业营销活动中起支配和指导作用，故又称“企业思维方式”，也称“企业哲学”，还可称作“市场营销管理哲学”。

二、企业营销观念发展动态

营销观念的发展可以分为传统营销观念和现代营销观念两个阶段，如图 1－11 所示。

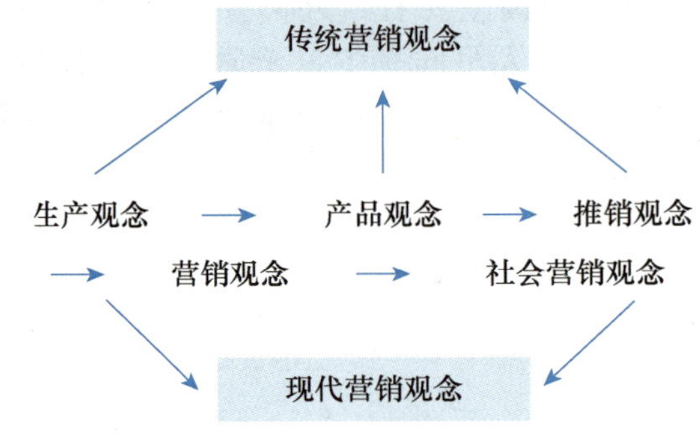

图 1－11 营销观念的发展

随着经济的发展、社会的进步，现代营销观念已逐步替代了传统的“以生产者为导向”的营销观念。经济的高度发展、科技的进步、人员素质与创新能力的大幅度提高，又使现代营销观念中不断融入了新观念、新思维。传统营销观念与现代营销观念的对比见表 1－3。

表 1－3 传统营销观念与现代营销观念的对比

营销观念	出发点	中心	方法和途径	目的
传统营销观念	企业的要求	现有产品	增加生产，加强推销	通过产品生产或销售获取利润
现代营销观念	市场导向	顾客需求	协调营销	通过满足顾客或社会利益获取利润

本书重点介绍现代营销观念的内容。

（一）市场营销观念

市场营销观念是一种以顾客需求为中心的企业经营理念，其内涵包括四个方面，如图 1－12 所示。

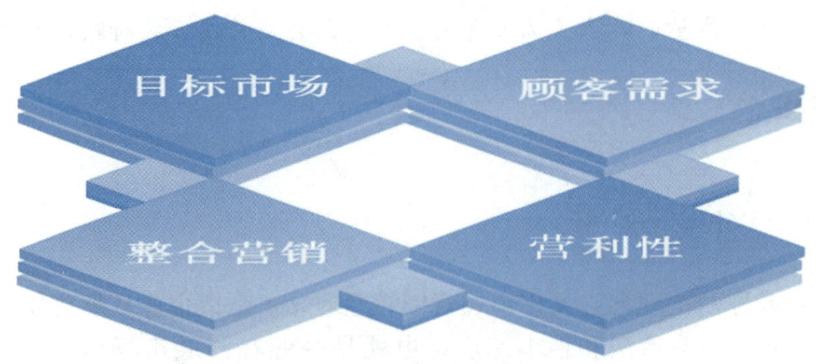

图 1－12 市场营销观念的内涵

1. 目标市场

企业在开展市场营销活动时，首先必须寻找适合自身能力和特点的目标市场。

营销资料 1-1

礼服租赁市场

时装设计师乔安娜·多尼格是一位很能发现经营目标的有心人。有一次她的朋友因为要出席皇家宴会而没有合适的晚装，急得如热锅上的蚂蚁。这件事令她认识到，女士们遇到这种困境是很普遍的，这是英国社会现象的一种规律。英国是个很注重表面礼仪的社会，各种社交活动很多，人们参加社交活动，对穿着非常讲究。但大多数人收入并不高，买不起华贵的服装，如果付较少的钱，就能在出席活动时穿上名贵的时装，的确是件光彩又省钱的事，这成为许多人的共同心愿。

乔安娜有了这一想法后，做了大量的调查，找了不少妇女征询，证实了上述分析和预测是准确的。于是，她确定了开展晚装租赁业务的经营目标。她筹集了一笔资金，买回各种款式的欧美名师设计的晚礼服，价值由数百英镑到数千英镑不等。礼服租出一夜的租金每套 75 英镑至 300 英镑，另加收 200 英镑的保证金。

果然不出所料，她的租赁生意十分兴旺，不少客人是由朋友介绍来的。也就是说，那些女士们毫不介意地告诉别人，自己的晚装是租回来的。人们并不认为不光彩，反而觉得合算及明智呢！

乔安娜的这项业务越做越大，在伦敦开了两间店后，还越洋到美国纽约开了分店。后来，她除了经营晚装，还扩展到包括配饰、手袋、首饰以及肥胖者、孕妇用的晚装，乃至男士用的服装等，一应俱全。

在欧美国家，人们经常举行大大小小的舞会、宴会、庆祝会、生日会。宾客讲究仪表雍容，女士们穿的晚礼服更是款式时髦，艳丽高贵。但是，不管一件礼服多么华丽名贵，若连续在这类场合出现三次，人们就会窃窃私语，穿者自然会感到失体丢脸。因此，无论多好的晚礼服，也只能穿一两次。这不但使普通收入的人们忧愁，连富裕的人们亦力不从心。这些市场消费现象被乔安娜看准了，她“见微知著”确定了一个经营目标，也准确无误地实现了她的决策目标。

2. 顾客需求

企业在开展市场营销活动时，将最大化实现顾客价值和赢得顾客满意作为企业营销管理追求的目标。

3. 整合营销

企业要赢得顾客满意和持续的竞争优势，必须实现其他利益相关者的价值和利益，通过建立长期互惠互利、共存共荣的关系，树立良好的公众形象和社会口碑。

小思考 脉动草莓口味新上市，假如你是脉动产品推广负责人，你将如何运用整合营销将新口味产品成功推向市场？

4. 营利性

在顾客满意的基础上，运用整体营销手段，实现长期的、稳定的利润目标。

知识链接

顾客让渡价值与顾客满意

顾客让渡价值是指顾客总价值与顾客总成本之间的差额。顾客总价值是指顾客购买某一产品与服务所期望获得的整体利益，包括产品价值、服务价值和形象价值等。顾客总成本是指顾客为购买某一产品所耗费的时间、精力、体力以及所支付的货币资金等。顾客总成本包括货币成本、时间成本、精神成本和体力成本等。

顾客满意从营销的角度来看，就是要使顾客让渡价值最大化。顾客在选购产品时，往往从价值与成本两个方面进行比较分析，从中选择价值最高、成本最低，即顾客让渡价值最大的产品作为购买的对象。顾客让渡价值越大，顾客满意度越高。

（二）关注现代市场营销新观念

1. 关系营销

市场营销的主要目标越来越集中于开发与相关组织和个体之间密切的、持久的关系上。这里所说的组织和个体，是指那些能够直接或间接对组织的营销活动能否获得成功产生影响的组织和个体。关系营销就是企业要与顾客、经销商建立更亲密的工作关系和相互依赖关系，从而实现连续性交往，以提高品牌忠诚度，巩固和扩大市场销售。如图1-13所示。

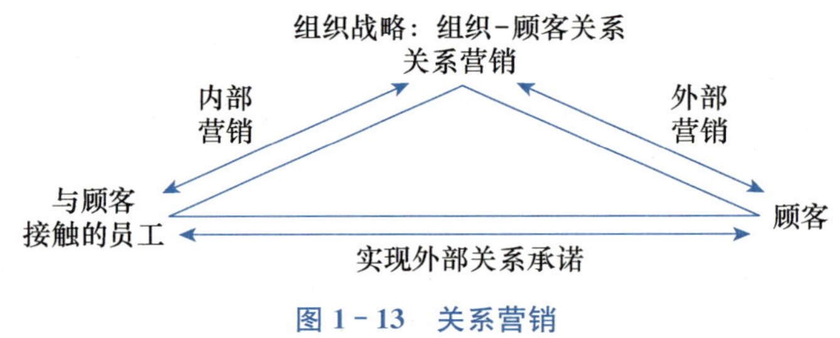

图1-13　关系营销

2. 整合营销

整合营销是一种对各种营销工具和手段进行系统化组合，并根据营销环境的变化进行即时性的动态修正，以使交换双方在交互中实现价值增值的营销理念与方法。

整合营销强调各种要素之间的关联性，要求它们能成为统一的有机体，形成合力，共同为企业的营销目标服务。整合营销观念打破了传统营销活动只作为企业经营管理的一项职能的观点，强调企业所有的活动都应该整合和协调起来，共同为顾客的利益服务。同时，整合营销观念强调企业与市场之间互动的关系和影响，运用更加科学的方法研究消费需求，努力发展潜在市场和创造新市场。因此，以注重企业、顾客、社会三方共同利益为中心的整合营销，具有整体性与动态性特征，企业把与消费者之间的交流、沟通放在特别重要的地位，是营销观念的变革和发展。如图1-14所示。

3. 绿色营销

所谓“绿色营销”，是指企业在充分意识到消费者日益提高的环保意识和由此产生的对清洁型无公害产品的需求的基础上，发现、创造并选择市场机会，通过一系列理性化的营销手段来满足消费者以及社会生态环境发展的需要，实现可持续发展的过程。绿

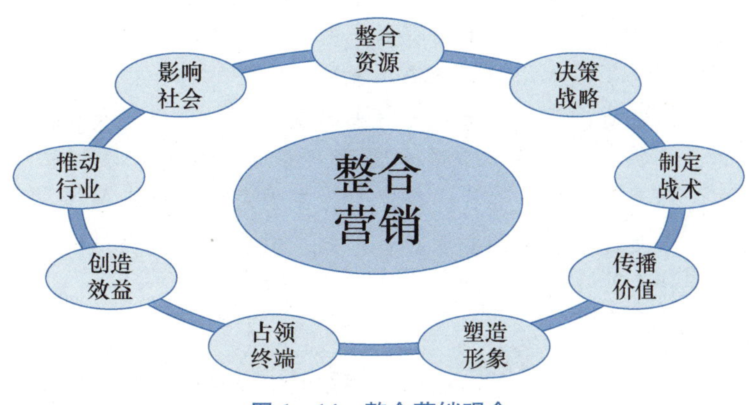

图 1-14 整合营销观念

色营销的核心是按照环保与生态原则来选择和确定营销组合的策略，它是建立在绿色技术、绿色市场和绿色经济基础上的，对人类的生态关注给予回应的一种经营方式。绿色营销不是一种诱导顾客消费的手段，也不是企业塑造公众形象的“美容法”，它是一个导向持续发展、永续经营的过程，其最终目的是在化解环境危机的过程中获得商业机会，在实现企业利润和消费者满意的同时，达成人与自然的和谐相处、共存共荣。

小思考 请你借鉴绿色营销的理念和内容，为你所熟悉的某个公司、商场或旅游度假村等提出合理化建议。

4. 文化营销

文化营销是指根据不同国家或不同民族之间文化的差异，对营销活动中的营销策略、营销渠道、产品差异做出不同的选择，以最大限度地满足不同消费市场中消费者的需求，使生产者利益达到最大化的一种新型市场营销观念。

实行文化营销，主要应做到以下两点：第一，充分了解不同国家或不同民族的不同文化；第二，根据不同的文化制定正确的跨文化营销策略，这有助于企业在营销过程中获得自己特定的竞争优势，形成企业自身发展的重要竞争力。

5. 服务营销

服务营销是在现代市场营销观念中加入“服务营销”的新观念而形成的现代新型市场营销观念，它以有形商品销售过程中的高品质服务为立足点。在如今科技高速发展以及信息迅速传播的社会中，不同生产者或企业生产的相同或相似产品在产品质量和包装等外观设计方面已没有太大的差别，其竞争力主要体现在产品的售前、售中和售后的服务上。能否提供优质的服务，包括如何提供产品、如何服务客户，成为一个企业能否在市场上取得立足之地的关键因素。这样的服务型市场营销观念使得企业进入了更高层次、更高领域的营销模式，在未来的市场竞争中，“高品质产品＋高品质服务”的意义将越来越重大。

营销资料 1-2

海底捞的过人之处

海底捞将顾客等待变成了期待：等待中的顾客可以免费做美甲、嗑瓜子、尝水果、上网、听音乐，实在烦闷了，还可以打扑克牌。这一下子就把等待变成了娱乐休闲的过程，甚至出现了女顾客有意提前到场做美甲的现象。除享受上述服务外，顾客还可以免费擦皮鞋。枯燥的等待过程充满了娱乐休闲的味道，变成了有趣的过程。

海底捞没有多余的表演，只是把与就餐有关的服务过程变成了类舞蹈动作，如抻面的过程、收拾桌子的过程等，让人感到新奇有趣又不多余，同时也增加了服务员工作的快感。海底捞还会按时加水，不需要你找；同时，你有需求，只要一伸手，最近的那个服务员就会过来打招呼，即使是正在送菜的服务员，如果他看到你这里没有相关服务员，也会马上过来问“您需要什么”。

6. 网络营销

网络营销是指以互联网络为基础，利用数字化的信息和网络媒体的交互性来辅助营销目标实现的一种新型的市场营销方式。简单地说，网络营销就是以互联网为主要手段，为达到一定营销目的进行的营销活动。随着网络的普及和信息技术的发展，网络营销的应用及发展越来越广泛。

实战范例 1-1

2020 年“双 11”天猫销售额数据是多少?

2020 年 11 月 11 日 24 时，随着最终数字的定格，2020 年天猫“双 11”全球狂欢季成交额出炉。增加了售卖周期的天猫“双 11”最终成交 4 982 亿元，再次刷新“双 11”数据。这一成绩显示了中国市场的巨大内需动能以及数字化带来的创新红利。

2020 年的天猫“双 11”，一改以往每年 11 月 11 日单天开卖的节奏，增加了 11 月 1 日到 3 日的首波售卖。而 11 月 11 日开场仅 30 分钟，成交额即突破 3 723 亿元。

参与 2020 年天猫“双 11”的有 25 万个品牌和 500 万个商家，折扣商品达到 1 600 万款；接近 8 亿用户在“双 11”期间来到会场，展现出旺盛的消费热情。需要说明的是，2020 年天猫“双 11”新增了房产等新类目，但 4 982 亿元的总成交额中，并不包含这些特殊项。

资料来源：赵小燕. 2020 天猫“双 11”再创新纪录：总成交额 4 982 亿元.（2020-11-12）[2021-2-18]. https://baijiahao.baidu.com/s? id=1683088589191523983&wfr=spider&for=pc.

小思考 你在网上购买过商品吗？你对哪个网购平台情有独钟？你觉得你喜欢的这个网购平台与其他电商平台相比有哪些优势？与此同时它又存在哪些需要改进的地方？

任务三 实战演练

实战演练 1 模拟设立公司

【实训任务】

你大学毕业后决定自己创业，请根据设立公司的条件和程序模拟设立公司并选择合适的市场营销组织类型。

【实训目标】

(1) 根据设立公司的条件与流程组建公司。

(2) 根据公司业务特点选择合适的市场营销组织类型。

【实训要求】

(1) 根据拟设立公司类型，列出注册登记所需要的材料清单，填写公司设立登记申请书。

(2) 根据提供的资料进行市场营销组织结构的设计。

【实训步骤】

(1) 每6～8人组成一个小组，模拟设立公司。

(2) 全员参与，共同配合，协作完成任务。

(3) 在教师指导下熟悉公司的架构和运营。

(4) 评价与总结，各小组提交公司设立的相应文件。

实战演练2　一分钟自我推荐演练

【实训任务】

你即将毕业，正在参加企业招聘营销人员的面试，请用一分钟时间进行自我推荐。

【实训目标】

培养学生的口语表达能力和思辨能力。

【实训要求】

(1) 在自我推荐过程中神态大方，举止得体。

(2) 根据招聘要求，讲清毕业院校、所学专业、个人专长及对企业的认知和本人优势等，逻辑通顺，语言流畅。

(3) 时间把握适度（要求从上讲台到讲完用时1分钟）。

(4) 详略得当，突出重点。

【实训步骤】

(1) 教师事先做好任务布置，要求学生做好准备并自我演练。

(2) 快步上讲台，说问候语并自我推荐。

(3) 致谢，在教师示意后回到座位。

(4) 教师点评。

项目小结

企业是现代社会营销工作得以开展的有机载体。通过系统地学习与应用，要能够根据设立企业的条件与流程组建企业；根据企业业务特点选择合适的市场营销组织类型。通过对营销观念发展的整体把握，扬长避短，运用现代营销观念开展营销工作，促进企业的长远发展。

职业技能测试

职业技能测试答案

一、单选题

1. 现代企业的典型法律形态是（　　）。

A. 个人业主制企业　　B. 合伙企业

C. 公司制企业　　D. 股份合作制企业

2. 现代经济生活中在数量上占绝大多数的企业形式是（　　）。

A. 个人业主制企业　　B. 合伙企业

C. 有限责任公司　　D. 股份有限公司

3. 以下属于业主制与合伙制共同特点的是（　　）。

A. 都具有法人资格　　B. 风险较小

C. 规模较大　　D. 不具有法人资格

4. 有限责任是（　　）企业的优点。

A. 个人业主制　　B. 合伙制

C. 公司制　　D. 工厂制

5. 市场营销管理的实质是（　　）。

A. 刺激需求　　B. 需求管理

C. 生产管理　　D. 销售管理

二、判断题

1. 个人独资企业、合伙企业和无限公司都属于自然人企业。（　　）

2. 合伙制企业容易造成决策上的延误。（　　）

3. 由于公司制企业组建非常复杂，因而，创业的人最好成立业主制企业。（　　）

4. 公司制企业的优点之一是所有权转移方便。（　　）

三、简答题

1. 有限责任公司的设立条件有哪些？

2. 简述市场营销观念的内涵。

四、案例分析题

农夫山泉的现代营销理念

“我们不生产水，我们只是大自然的搬运工。”

思考：农夫山泉的这则广告语简单有力！请问其反映了何种营销观念？举例说明现代营销观念都有哪些。

项目二

分析市场营销环境

职业知识

1. 理解市场营销环境对企业营销活动的影响和作用；
2. 了解消费者的购买决策过程；
3. 掌握有效分析竞争者的步骤和方法。

职业能力

1. 具备有效分析市场营销环境、寻找企业机会、躲避企业威胁的能力；
2. 能灵活运用影响消费者购买行为的因素及购买决策过程制定有效决策，刺激购买行为；
3. 会运用有效分析竞争者的步骤和方法。

任务一　认识市场营销环境

任务导入

海尔智家的场景解决方案

2020 年 6 月 15 日，第 127 届中国进出口商品交易会（简称“广交会”）在网上拉开帷幕。在这次“云广交会”上，海尔智家也首次以“体验云众播”的形式，展示了其全球创高端品牌、创场景品牌和创生态品牌的新成果。产业在线数据显示：1～4 月，多数企业出口下滑，海尔智家却实现逆势增长 31%；同时，在行业出口均价下降 5%的情况下，海尔智家实现逆增 12%，海外高端创牌成果显著。

物联网时代，用户需要的并不是单一的家电产品，而是一个个场景解决方案。海尔智家早已不是产品的售卖者，而是智慧生活场景的服务商。本次广交会上，海尔智家展出的衣联网、食联网、空气网等，就是基于全球用户需求的场景解决方案，背后已经打通了服装、家纺、洗染、食品等40多个行业资源方。以“穿在智家”的生态建设为例，除了阳台场景的个性化定制，海尔智家还在衣帽间场景为用户提供了全细节收纳、分区精洗、塑形护理、个性服装搭配及购买、美搭保养等解决方案。此外，衣联网还为即墨的童装、海宁的皮革城等生态方提供行业解决方案，最后大家实现了共同增值。

一位来自德国的经销商通过在线VR展厅观看海尔智家之后表示：“不仅是高端的创新性单品，更多的是家庭场景生态方案全球化，让中国品牌出口有了更多的可能性。”

资料来源：海尔官网. 多数企业出口下滑，海尔智家逆增31%！本届广交会又全球体验云众播. (2020-06-16)[2020-07-05]. https://www.haier.com/about_haier/xinwen/20200616_128735.shtml.

任务分析

进行市场营销环境分析的目的是认识市场，具体地说是准确辨明市场机会与市场威胁，并在此基础上认清企业优势与企业劣势，最终确定企业应进入什么市场。那么，什么是市场营销环境？市场营销环境应从哪些方面采用什么样的方法进行分析呢？

微课：市场营销环境

知识对接

市场营销环境是指影响企业营销活动的种种内外部因素和力量的总和，即对企业开拓市场和开展营销活动产生直接和间接影响的各种人为因素和自然因素。根据企业对环境因素的可控度，企业营销环境可分为宏观营销环境和微观营销环境。宏观营销环境是指那些给企业带来市场机会和环境威胁的主要社会力量，包括人口环境、经济环境、自然环境、技术环境、政治法律环境和社会文化环境。宏观营销环境主要以微观营销环境为媒介，间接影响和制约企业的市场营销活动，在特定场合也可直接影响企业的营销活动。微观营销环境是指与企业紧密相连、直接影响企业营销能力的各种参与者，包括供应商、营销中介、顾客、竞争者、社会公众以及影响营销管理决策的企业内部环境。如图2-1所示。

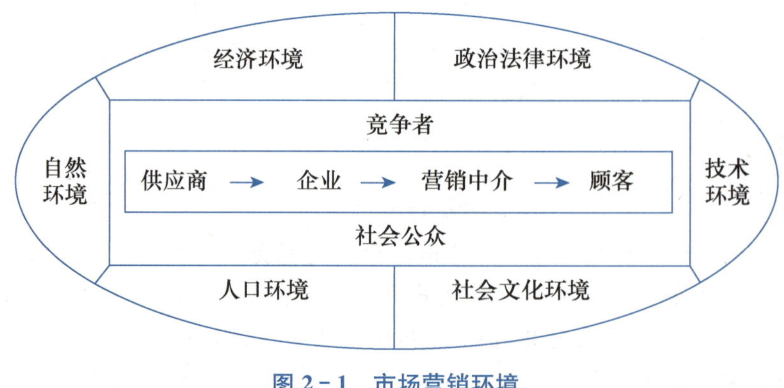

图2-1 市场营销环境

一、分析宏观营销环境

宏观营销环境包含人口、经济、自然、技术、政治法律、社会文化等方面。

（一）人口环境

企业必须密切关注人口环境，因为市场就是由那些想购买商品同时又具有购买力的人构成的。人口的多少直接决定市场的潜在容量，人口越多，市场规模越大。当前，许多国家人口老龄化趋势明显，这为老年人用品的行业发展提供了市场机会。同时，家庭结构发生了变化，结婚年龄普遍偏迟，非家庭用户迅速增加，人口流动性增大，例如目前中国的“空巢青年”已经超过 5 000 万人，与之相适应，一人食餐厅、迷你 KTV 等行业应运而生。企业应密切关注和考虑人口环境变化带来的特殊需要，应对市场机会和威胁。

营销资料 2-1

日本老龄人口创新高　65 岁以上群体占总人口近三成

日本总务省 2019 年 9 月 15 日发布数据，显示 2019 年日本 65 岁以上群体占总人口的 28.4%，这一群体中的就业人口在 2018 年占总劳动人口的 12.9%，都是有记录以来的最高水平。

总务省统计局以 2015 年日本全国人口普查数据为依据，结合随后 4 年出生、死亡人口等数据，推算 2019 年 9 月日本总人口为 1.26 亿，其中 65 岁及以上 3 588 万人，比去年同期增加 32 万人；65 岁及以上人口比例为 28.4%，比去年同期增加 0.3 个百分点，创历史新高。65 岁及以上男性 1 560 万人，女性 2 028 万人。其中 70 岁及以上 2 715 万人，80 岁及以上 1 125 万人，90 岁及以上 231 万人，100 岁及以上 7 万人。

总务省统计局数据显示，日本老龄即 65 岁及以上人口比例全球最高，比第二名意大利高出 5.4 个百分点，葡萄牙老龄人口比例全球排名第三，为 22.4%。

日本国立社会保障和人口问题研究所推算所获数据显示，日本老龄人口比例今后将继续增加，预计 2025 年增至 30%，2040 年增至 35.3%。完善社会保障制度，在购物、出行等方面加大对老年人的援助成为当务之急。

2018 年日本劳动力调查结果显示，862 万 65 岁及以上群体成员继续工作，就业人口占总劳动人口 12.9%，是有记录以来的最高值。

在老龄就业人口中，男性 512 万人，占 65 岁及以上男性人口的 33.2%；女性 350 万人，就业率 17.4%。

日本老年就业率随年龄增加而降低，65 岁至 69 岁就业率 46.6%，70 岁至 74 岁 30.2%，75 岁以上 9.8%。就业老年人多从事批发零售业，从业人口大约 127 万人。

据新闻社报道，日本老年人成为弥补社会劳动力不足的“重要战斗力”。

数据显示，日本 20 座 50 万人口以上城市 2018 年合计接收 8 287 份“无人供奉”的骨灰，是 2013 年度的 1.4 倍。

所谓“无人供奉”，是日本语境中的表述，实际意味着没有人认领。

大阪市2018年度接收的无人供奉骨灰中，九成人生前领取低收入人群生活保障；这一比例在名古屋市是83%，在神户市是78%。多数市政府会暂时保管这些骨灰，超出一定期限无人认领的，将合葬到市政府运营的公墓，费用由市政府承担。

熟悉日本低保政策的花园大学社会福祉系教授吉永纯告诉共同社记者，领取低保的家庭中，65岁以上老年人超过50%，暗示这一人群社会孤立现象严重。

资料来源：刘秀玲．日本老龄人口创新高 65岁以上群体占总人口近三成．(2019-09-17)[2020-05-17]. https://www.sohu.com/a/341333204_100163028.

（二）经济环境

经济环境直接影响企业的经济效益。企业的营销活动是在一定的经济环境下展开的，因此必须全面了解和分析目标市场的经济环境。进行经济环境分析时应着重分析以下经济因素。

1. 直接影响营销活动的经济环境因素

购买力水平是市场能否形成以及市场规模大小的决定性因素，也是影响市场营销活动的直接经济环境因素，主要包括消费者收入的变化、消费者支出模式的变化、消费者储蓄和信贷情况的变化等。

（1）消费者收入的变化。

不同收入水平的消费者，消费的项目、品质、对价格的承受能力各有不同。消费者收入包括消费者个人工资、红利、租金、退休金、赠予等收入。消费者收入分析主要考察两个要素，即个人可支配收入和个人可任意支配收入。个人可支配收入是指个人收入中扣除税款等后所得余额，是个人收入中可以用于消费支出或储蓄的部分，构成了实际购买力。个人可任意支配收入是指在个人可支配收入中减去维持个人与家庭生存必不可少的固定支出（如房租、水电费、食物开销、分期付款）后剩余的部分。这部分收入是消费需求变化中最活跃的因素，属于满足人们基本生活需要之外的开支，一般用于购买奢侈品和汽车、旅游等，是影响非生活必需品和劳务销售的主要因素，也是企业开展营销活动时所要考虑的主要对象。

进行消费者收入分析时，还需要区分货币收入和实际收入，只有实际收入才会影响实际购买力。此外，企业不但要分析消费者的平均收入，还应当分析不同阶层、不同地区的消费者的收入。

（2）消费者支出模式的变化。

消费者支出模式是指消费者各种支出的比例关系，即支出结构。在收入一定的情况下，消费者会根据消费的急需程度，对自己的消费项目进行排序，先满足排序在前的主要消费。随着消费者收入的变化，消费者的支出模式也会发生变化。例如，当家庭收入增加时，用于购买食品的支出占家庭收入的比重会下降，用于其他方面（如服装、交通、保健、娱乐、教育等）的支出比例会上升。这一结论被称为“恩格尔定律”。

在分析消费者支出模式时，还需要注意家庭生命周期的阶段和消费者家庭所在地点对消费者支出模式的影响。如有孩子与没有孩子的年轻人家庭支出情况不同，住在中心城市和住在农村的消费者支出情况也不同。

(3) 消费者储蓄和信贷情况的变化。

消费者的购买力还受到储蓄和信贷的直接影响。在一定时期内货币收入不变的情况下，如果储蓄增加，购买力和消费支出便减少；如果储蓄减少，购买力和消费支出则会增加。消费者还可以用贷款来购买商品，即先凭借信用购买商品取得使用权，再按期归还贷款。随着电子商务的盛行，信贷消费在年轻消费者中颇为流行，覆盖的范围和深度明显加大。

2. 间接影响营销活动的经济环境因素

除上述直接影响企业市场营销活动的经济环境因素之外，还有一些对企业市场营销活动产生间接影响的经济环境因素，如经济发展水平、经济体制、地区与行业发展状况、城市化程度等。

(三) 自然环境

自然环境的发展变化也会不同程度地影响企业的营销活动，企业需要重视自然环境方面的动向。目前自然环境面临的危机主要表现在以下方面。

1. 自然资源逐渐枯竭

自然资源分为两大类，一是可再生资源，如空气、水、森林、粮食等；二是不可再生的资源，如石油、煤及各种矿物。现代工业文明无限度地索取和利用自然资源，导致某些资源供不应求，甚至连水也在某些地区出现短缺。有些企业正面临着自然资源短缺的威胁，在这种情况下，需要研究与开发新的资源作为代用品，这给某些企业提供了新的市场机会。

2. 环境污染日益严重

在许多国家，随着工业化和城市化的发展，环境污染日益严重，如土地沙化、温室效应、物种灭绝、臭氧层破坏等。环境恶化的危害性日益凸显，使人们的环境观念发生了改变，环境保护日益成为社会主流意识，公众对环境污染问题也越来越关心。环境污染日益严重，一方面给造成污染的行业和企业带来了威胁，使它们不得不采取措施控制污染，进行技术改造，改变传统的生产技术，增加生产成本；另一方面也给部分防止污染、保护环境的企业及相关产业带来了新的机会。

营销资料 2-2

澳大利亚山林大火事件后续影响严重

澳大利亚消防部门于 2020 年 2 月 13 日表示，在澳大利亚受山火重创的新南威尔士州，所有着火点的火情都已得到控制。这标志着自 2019 年 9 月至 2020 年 2 月，燃烧了 5 个多月的澳大利亚山林大火终于结束。但火灾造成的环境、经济损失无法估量，据统计：火灾造成 33 人死亡，无数人流离失所；火灾面积达 1 170 万公顷，相当于奥地利的国土面积；2 500 多处房屋毁于一旦；约 10 亿动物（鸟类、爬行、哺乳）直接或间接葬身火海，野生动植物和整个生态系统遭到巨大破坏。根据欧洲哥白尼大气监测服务发表的数据，澳大利亚已经向大气排放约 4 亿吨二氧化碳，这个数据比全球 116 个二氧化碳低排放量国家年排放量总和还要高。这种百年不遇的大火，会对将来的气候产生怎样的影响，我们不得而知。

大火对投资者及市场信心的干扰可能将持续更长时间。澳新银行公布的澳大利亚消费者信心指数在2020年第一周下降至106.2，创下近4年新低。有分析人士称，大火及其造成的空气恶化导致大量外国游客远离澳大利亚，使得该国经济支柱之一的旅游业也受到一定程度的打击。澳大利亚西太平洋银行评估称，大火造成的损失目前约为50亿澳元（约合34亿美元），将使澳大利亚国内生产总值下跌0.2～0.5个百分点。盛宝银行澳大利亚市场评估师认为，大火挫伤了该国旅游、区域贸易、建筑以及农业生产等经济活动，澳大利亚经济目前缺乏内需动能，而该国政府在灭火行动中的低效进一步影响了外界对其的信任，这将为该国经济前景蒙上阴影。

实战范例 2-1

蚂蚁森林助推环保

蚂蚁森林是支付宝客户端于2016年8月为首期“碳账户”设计的一款公益行动：用户通过步行、地铁出行、在线缴纳水电煤气费、网上缴交通罚单、网络购票等行为，就会减少相应的碳排放量，被计算为虚拟的“绿色能量”后，可以用来在支付宝里养一棵虚拟的树。这棵虚拟树长大后，公益组织、环保企业等蚂蚁生态伙伴们就会把它“买走”，并在现实中种下一棵真实的树，或守护相应面积的保护地，以此来培养和激励用户的低碳环保行为。

蚂蚁森林上线之后广受好评，上线3周年时，使用用户已达5亿，累计碳减排792万吨，1.22亿棵真树被种植在荒漠化地区，种植面积相当于1.5个新加坡。

2019年9月19日，中国“蚂蚁森林”项目获联合国“地球卫士奖”。

（四）技术环境

科学技术是社会生产力新的和最活跃的因素，技术环境不但直接影响企业内部的生产和经营，同时还与其他环境因素相互依赖、相互作用，共同对企业的生产和经营产生影响。新技术的应用也会引起企业市场营销策略、经营管理方式以及消费者购物行为的变化。例如，网上购物的出现，使消费者足不出户即可完成购物，极大地方便了消费者，同时也改变了消费者的生活方式和购物习惯。企业需要密切注意技术环境的发展变化，了解技术环境对企业营销管理的影响，以便及时采取适当的对策。

营销资料 2-3

技术带来的变化

5G要来了！5G和4G有哪些不同？在回答这个问题之前，让我们一起对比一下从2G时代进入4G时代发生了哪些变化。

2G和4G的区别大家有目共睹并有切身体验，最大、最直接的变化是手机由无网到有网，用一部手机就可以聊天、定位导航、看视频，做很多联网电脑才能做的事情。由此，诞生了大量手机App，为人们的衣食住行以及工作学习带来了便利，如微信、今日头条、抖音等各种功能的App。自媒体也蓬勃发展起来，AI、人工智能技术得到初步发展。

4G和5G的区别有哪些？5G最大的优势就是速度快，数据显示，5G的最快网速将比4G快10～100倍，用5G下载一部高清电影只需要1秒。可以预见，进入5G时代，电子信息技术会更广泛地改变传统产业，让生活产品更智能，更好地为人们的生产和生活服务。

资料来源：拓成工业产品设计制造．5G给普通人带来哪些商机?．(2019-05-14)[2020-07-05]．https://www.sohu.com/a/313843121_100137418.

（五）政治法律环境

政治法律环境包括政治环境和法律环境两大要素。政治与法律相互联系，共同对企业的市场营销活动发挥影响和作用。

1．政治环境

政治环境是指企业市场营销活动的外部政治形势、国家方针政策及其变化，包括政治局势、方针政策和国际关系。具体来说包括四个方面：(1)企业所在国家和地区的政局稳定状况。(2)政府行为对企业的影响。(3)执政党所持的态度和推行的基本政策（产业政策、税收政策、进出口限制等）。(4)各政治利益集团对企业活动产生的影响。

实战范例2-2

《民法典》让生活更美好

十三届全国人大三次会议审议通过了《中华人民共和国民法典》（以下简称《民法典》），这是新中国成立以来第一部以法典命名的基本法律，其内容丰富，体量庞大，被誉为社会生活的百科全书。《民法典》离我们并不遥远，反而是事关你我，和我们的日常生活息息相关。

《民法典》以人为本，以民为根，充分体现了以人民为中心。当前，人民物质生活水平已得到提高，对民主法治、个人权利、个人尊严、公平正义等有了更多的需求。《民法典》就像一张无形的大网，全方位保护人民的权利，每条法律条款都与人民的生活相关联。《民法典》已浸润到我们的日常生活当中，关系到你我他，能很好地解决日常生活中的烦心事、闹心事。

资料来源：肖宁．《民法典》让生活更美好．(2020-07-24)[2021-2-23]．http://yn.people.com.cn/gb/n2/2020/0724/c212284-34181587.html.

2．法律环境

法律环境是指国家或地方政府颁布的各项法律、法规等。法律环境对企业的营销活动和市场消费需求的形成与实现具有一定的调节作用。任何营销都只能在法律规范下进行，任何与法律相抵触的营销行为必然失败。企业研究并熟悉法律环境，不仅可以保证自身严格依法经营和运用法律手段保障自身权益，还可以通过法律条文的变化对市场需求及趋势进行预测。因此，企业必须对本国和有关国家的法律法规进行分析，才能做好国内和国际市场营销工作。

（六）社会文化环境

社会文化环境是指一个社会的民族特征、价值观念、生活方式、风俗习惯、伦理道德、教育水平、语言文字、社会结构等的总和。社会文化环境主要由两部分组成：一是全体社会成员所共有的基本核心文化，即主体文化，它是千百年的历史沉淀，包括价值观、道德观等，起凝聚整个国家和民族的作用；二是随时间变化和受外界因素影响而容易改变的社会次文化或亚文化。文化对企业营销的影响是多层次、全方位、渗透性的。企业营销人员对社会文化环境进行分析，可以针对不同的文化环境制定不同的营销策略，帮助企业更有针对性地开展营销活动。

二、分析微观营销环境

微观营销环境包含企业内部环境、供应商、营销中介、顾客、竞争者、社会公众等方面。

（一）企业内部环境

企业开展营销活动，会设置相应的营销部门。同时，企业为实现其经营目标，需要进行采购、生产、研发、质检、财务管理等业务活动。营销部门与这些部门一起为实现企业目标共同努力，它们之间既有多方面的合作，也存在争夺资源等方面的矛盾。例如，营销部门从顾客需求出发，会要求生产高品质、多样化的产品，而生产部门从成本的角度出发，可能会降低对品质和品种的要求。企业内部各部门的合作，对营销决策的制定与实施具有很大影响，因此营销部门在制订企业营销计划、开展营销活动时，要充分考虑企业内部环境力量，争取高层管理部门和其他职能部门的理解与支持。

（二）供应商

供应商是指向企业提供原材料、部件、能源、劳动力和资金等资源的企业或个人。企业与供应商之间既有竞争又有合作，供应商供应的原料数量和质量会直接影响企业产品的数量和质量，所供应原料的价格会直接影响企业产品的成本、价格和利润。企业在选择供应商时，除了要充分考虑供应商的资信情况，选择能够提供品质优良、价格合理的资源的供应商，还要尽量使自己的供应商多样化，以免供应来源过于单一，一旦与供应商关系发生变化，会影响供应品的及时性和成本变动，出现供应短缺，降低企业的顾客满意度和忠诚度。

（三）营销中介

营销中介是指协助企业促销和分销其产品，将产品送达最终购买者的个人或组织，包括经销商、代理商、辅助商（如快递公司、物流公司、银行、保险公司、广告公司）等机构。营销中介是营销不可缺少的中间环节，商品经济越发达，社会分工越细，其作用越大。企业在营销活动中，应当处理好同营销中介的合作关系。

（四）顾客

顾客是企业的服务对象，也是企业产品销售的市场和利润来源。营销活动的本质是围绕顾客需求展开的，企业需要投入大量精力去研究顾客的真实需求，在产品营销各方面充分考虑并尽可能去满足顾客的需求。

（五）竞争者

企业要想在市场竞争中获得成功，就必须比竞争者更有效地满足顾客的需求和欲望。

因此，企业需要进行有效的产品定位，使企业产品与竞争者产品在顾客心中形成明显差异，取得竞争优势。企业的竞争者分为以下四个层次。

1. 品牌竞争者

品牌竞争者是指向企业的目标市场提供种类和产品形式基本相同，但品牌不同的产品的其他企业。如“百事”和“可口可乐”品牌之间的竞争。

2. 产品形式竞争者

产品形式竞争者是比品牌竞争者更深一层次的竞争者，即向企业的目标市场提供种类相同，但质量、规格、性能或档次不同的产品的其他企业。

3. 平行竞争者

平行竞争者是指向企业的目标市场提供种类不同的产品，但可以满足同一种需要的其他企业。

4. 愿望竞争者

愿望竞争者是潜伏程度最深的竞争者，是指分属不同的产业，提供种类不同的产品以满足不同需要的其他企业。如房地产公司和汽车制造商为争夺顾客而展开竞争。顾客现有的钱有限，购买了房子则不能购买汽车，房地产公司和汽车制造商之间的竞争就是针对顾客所要满足的不同愿望展开争夺。

（六）社会公众

社会公众是指对企业实现其营销目标构成实际或潜在影响的人和团体，包括金融公众、媒体公众、政府公众、社会组织公众、地方公众、一般公众和企业内部公众。公众对企业的感觉和与企业的关系对企业的营销活动有很大影响，所有的企业都必须采取积极措施，以保持和主要社会公众之间的良好关系。

三、SWOT 分析

企业除了需要对宏观、微观营销环境进行研究与分析，还需要对企业的市场营销环境进行综合分析，以对营销环境做出总体评价，制定营销战略。SWOT 分析是企业常用的市场营销环境分析方法。

SWOT 分析是一种综合考虑企业内部条件和外部环境的各种因素，进行系统评价，从而帮助企业选择最佳经营战略的方法。其中 S 表示优势（strengths）、W 表示劣势（weaknesses）、O 表示机会（opportunities）、T 表示威胁（threats）。SWOT 分析的基本原理如表 2-1 所示。

表 2-1 SWOT 分析的基本原理

项目	内容	具体表现
优势（S）	指能够给企业带来重要竞争优势的积极因素或独特的能力	主要表现在企业的资金、技术、人员素质、产品、市场、管理能力等方面
劣势（W）	指限制企业发展且有待改正的消极因素	
机会（O）	指外部环境中对企业有利的因素	政府支持、高新技术应用等
威胁（T）	指外部环境中对企业不利的因素	出现新竞争对手、技术老化等

SWOT 分析提供了四种战略，如表 2-2 所示。

表 2-2 SWOT 分析提供的四种战略

内部环境 \ 外部环境	机会	威胁
优势	增长型战略（SO）	多种经营战略（ST）
劣势	扭转型战略（WO）	防御型战略（WT）

（一）增长型战略（SO）

具有良好的内部优势和较多的外部机会的企业应采用增长型战略，积极通过开发市场、增加产量等方式进行发展。

（二）扭转型战略（WO）

内部处于劣势但是具有较多的外部机会的企业应采用扭转型战略，尽量克服劣势，充分利用环境带来的机会。

（三）多种经营战略（ST）

内部具有优势但是外部威胁较大的企业应采用多种经营战略，利用自身优势，开展多样化经营，寻求长期发展。

（四）防御型战略（WT）

面临外部威胁，内部又处于劣势的企业应采用防御型战略，设法克服劣势，回避威胁，进行业务调整。

综上所述，SWOT 分析中最核心的部分是评价企业的优势和劣势，判断企业面临的机会和威胁，并做出决策，即在企业现有的内外部环境下，实现资源最优配置，以实现市场营销目标。

任务二　分析消费者和组织市场购买行为

任务导入

美团外卖“无接触配送”

2020 年 2 月 12 日，美团外卖发布“无接触配送”报告（以下简称报告）。报告显示，在疫情特殊时期，人们改变了过往到超市购物的习惯，转而在线上平台购买生活必需品，通过“无接触配送”实现线下交付。美团闪购数据显示，1 月 26 日至 2 月 8 日期间，人们在闪购平台的连锁超市门店中购买生活必需品的订单量涨幅明显。在这些超市类订单中，米面粮油、调味品、生鲜果蔬、休闲食品等品类的商品销售额较去年同比增长 400%，口罩、消毒液、砂糖橘、鲜果切、土豆、葱、香蕉、猪肉、鸡蛋等商品销量名列前茅。采用“无接触配送”的订单占到了整体单量的 80%以上，且每一单外卖都使用“无接触配送”

服务的用户占到66%。在使用“无接触配送”服务占比高的城市中，武汉、扬州、济南、南京、哈尔滨排在了前五位，而“门外把手”“门口”“前台桌上”成为最受消费者青睐的三个指定无接触取餐位置。此外，为了让用户更加安心和放心，美团外卖继续加码安全保障措施，在“无接触配送”基础上升级推出“无接触安心送”，以商家端和配送端的“电子卡+实体卡”形式，展现厨师、打包员、骑手的健康情况及餐箱消毒情况等安全防护信息，确保无接触的同时实现全过程食品安全信息可视化、可追溯。

资料来源：新浪财经. 美团外卖发布“无接触配送”报告：果蔬粮油类销售额增长400%. (2020-02-12) [2020-07-05]. http://finance.sina.com.cn/chanjing/gsnews/2020-02-12/doc-iimxxstf0839586.shtml.

任务分析

在新冠肺炎疫情特殊时期，人们在线上订餐、购买生活必需品时更加注重安全性。美团外卖通过提供“无接触配送”服务，获得了消费者的认可。研究和洞察影响消费者和组织市场购买行为的主要因素，深入分析其购买决策过程，有利于企业提高营销管理活动的效率和效果。那么，消费者、组织市场的购买行为受哪些因素影响，其购买决策过程是如何开展的呢？

知识对接

一、分析消费者购买行为

消费者购买行为是指消费者为获取、使用、处置消费品或服务所采取的各种行动，包括先于且决定这些行动的决策过程。消费者购买行为是与产品或服务的交换密切联系在一起的。

（一）影响消费者购买行为的因素

1. 文化因素

（1）文化。

文化是区分一个社会群体与另一个社会群体的主要因素，是人们通过学习获得的区别于其他群体行为特征的集合。文化通过对个体行为进行规范和界定，影响家庭等社会组织，文化本身也随着价值观、环境的变化或重大事件的发生而变化。文化包含的潜在元素有价值观、文字、语言、伦理道德、风俗习惯、宗教仪式等，它是人类欲望和行为最根本的决定因素，不仅影响人们对特定商品的购买，还作用于消费者的信息搜集和价值判断，即文化以多种方式作用于消费者的购买决策。对一定社会各种文化因素的了解将有助于营销者提高消费者对其产品的接受程度。

实战范例2-3

脑白金的成功营销

提到孝敬爸妈的保健品，脑白金的广告一度铺天盖地，以极短的时间迅速地启动了市场，创造了十几亿元的销售奇迹，是市场营销领域的一个成功典范。脑白金的成功，与它的市场营销抓住了影响消费者购买行为的关键因素——文化因素密不可分。脑白金针对的是吃不好、睡不好的老年人，但目标客户却是“有父母的年轻人”。因为现在很多儿女都忙，没有时间陪伴父母，空巢老人日益增多，儿女难免觉得歉疚，不知道应如何弥补父母。于是脑白金强调孝敬父母，在广告中体现的核心理念是“孝心”，抓住了中国传统文化中尊重和孝敬老年人这一点。

（2）亚文化。

亚文化是指某一较大文化群体所属次级群体的成员共有的独特信念、价值观和生活习惯。亚文化分为民族、宗教、种族、地理四类，每一种亚文化都包含着能为其成员提供更为具体的认同感和社会化的较小亚文化。不同的亚文化会形成不同的消费亚文化，例如，汤圆在我国南方是平日里经常食用的美食，但是在北方却只有在元宵节才会吃。了解亚文化对营销人员比较重要，因为有时一种产品就是构成亚文化的基础，是亚文化成员身份的象征，消费者会受体现亚文化特质的产品的影响。

（3）社会阶层。

社会阶层是指一个社会中具有相对同质性和持久性的群体，它们是按等级排列的，每一阶层的成员具有类似的价值观、兴趣爱好和行为规范。不同社会阶层的消费者由于在职业、收入、教育等方面存在明显差异，因此即使购买同一产品，其趣味、偏好和动机也会不同。例如，同样是买牛仔裤，中低收入阶层的消费者可能看中的是它的耐用性和经济性，而高收入阶层的消费者可能注重的是它的流行程度和自我表现力。事实上，对于市场上的现有产品和品牌，消费者会自觉或不自觉地将它们划定为适合或不适合哪一阶层的人消费。例如，在中国汽车市场，消费者认为宝马和奔驰更适合高收入阶层消费，而捷达则更适合中低收入阶层消费。这些都表明了产品定位的重要性。另外，处于某一社会阶层的消费者会试图模仿或追求更高层次社会阶层的生活方式。因此，以中层消费者为目标市场的品牌，根据中上层生活方式进行产品定位可能更为合适。

2. 角色因素

角色是指个体在群体、组织和社会中的地位和作用。对于特定的角色，人们对其行为具有相同或类似的期待，社会角色的不同在某种程度上会影响消费者的购买行为。一旦一个人的角色发生变化，会相应引起与角色相关的行为和产品需求的变化。

3. 个人因素

消费者购买决策也受其个人特性的影响。所谓“个人特性”，主要包括年龄，职业与经济状况，生活方式、个性及自我观念，等等。

（1）年龄。

年龄对于消费者购物的地点、使用产品的方式及对营销活动的态度有重要影响。目前包括我国在内的世界上大多数国家都面临着人口老龄化的问题，根据预测，我国 65 岁以上的老年人口在总人口中的比重在 2025 年左右将达到 14%，这会导致更多针对老年人的细分市场出现。但也要注意，随着现代社会信息扩散范围和影响力的增大，不同年龄段的人群在信息获取、心态和行为上趋同，年龄界限逐渐模糊，因此营销人员除了要关注生理年龄，还应关注消费者的心理年龄。

（2）职业与经济状况。

消费者由于所从事的职业不同，经济状况好坏不一，在价值观念、消费习惯和行为方式上也存在着较大差异，具体表现为在衣食住行等方面有着显著不同。例如不同职业的消费者在服装的款式、档次上会做出不同的选择，以符合自己的职业特点和社会身份。

（3）生活方式、个性及自我观念。

生活方式是指个体在成长过程中，在与社会因素的相互作用下表现出来的活动、兴趣和态度模式。生活方式包括个人和家庭两个方面，两者相互影响。生活方式与个性既有联系又有区别。一方面，生活方式很大程度上受个性的影响。例如，一个具有保守、拘谨性格的消费者，其生活方式不大可能太多地包容诸如攀岩、跳伞、蹦极之类的活动。另一方面，生活方式关系的是人们如何生活、如何花费、如何消磨时间等外在行为，而个性则侧重于从内部来描述个体，它更多地反映个体的思维、情感和知觉特征。可以说，两者是从不同的层面来刻画个体的。区分个性和生活方式对营销来说具有重要的意义。

自我观念是指人们出于自身特性而进行自我认知的一种方法。不同的人对自己有不同的认识，从而形成自己是属于哪类人的观点。一般来说，消费者会选择那些与其自我观念相一致的产品与服务，避免选择与其自我观念相抵触的产品和服务。所以，研究消费者的自我观念对企业特别重要。

4. 心理因素

消费者的购买行为受动机、知觉、学习以及态度等主要心理因素的影响。

（1）动机因素。

动机是指引起、维持、促使某种活动向某一目标进行的内在作用。消费者具体的购买动机包括：求值动机、求新动机、求美动机、求名动机、求廉动机、从众动机、喜好动机等。以上购买动机是相互交错、相互制约的。马斯洛的需要层次理论认为，人的需要是以层次的形式出现的，按其重要程度的大小，由低级需要逐渐向高级需要发展，依次为生理需要、安全需要、社会需要、尊重需要与自我实现的需要。只有低层次需要被满足后，较高层次的需要才会出现并要求得到满足。

（2）知觉因素。

知觉是指人脑对刺激物各种属性和各个部分的整体反映，它是对感觉信息进行加工和解释的过程。产品、广告等营销刺激只有被消费者知觉才会对其行为产生影响。人们会对同一刺激物产生不同的知觉，因为消费者形成何种知觉，既取决于知觉对象，又与知觉时的情境和消费者先前的知识与经验密切相关。

营销资料 2-4

咖啡杯为什么是红色的?

一家咖啡屋老板，利用人眼对颜色产生的不同感觉做了这样一个试验：他让每个人都喝四杯完全相同的咖啡，但盛咖啡的杯子颜色不同，分别为咖啡色、青色、黄色和红色。试饮者表示：咖啡色杯子里的咖啡太浓了，青色杯子里的咖啡有些涩，黄色杯子里的咖啡有点淡，红色杯子里的咖啡则不浓不淡，口味好极了。咖啡屋老板据此将咖啡屋里的杯子一律改为红色，给顾客留下了特别好的印象，因此生意兴隆。

（3）学习因素。

学习是指由经验引起的个人行为或行动潜能的持续性改变。人类行为大都来源于学习。例如，消费者对于一些拗口的外国品牌的记忆，就是一种学习。由于营销环境不断变化，新产品、新品牌不断涌现，消费者需要多方搜集相关信息后才能做出购买决策，这也是一个学习的过程。因此，企业要想与消费者保持长期的交换关系，就需要采取一些经常性的强化手段，巩固在消费者心目中的品牌形象。

(4) 态度因素。

消费者的态度对购买行为有重要影响。态度影响消费者的学习兴趣与学习效果，并将影响消费者对产品、商标的判断与评价，进而影响购买行为。但是态度与行为之间在很多情况下并不一致，造成不一致的原因，除主观规范、意外事件以外，还有很多其他因素，如购买动机、购买能力、情境因素等。

(二) 消费者购买决策过程

消费者的购买决策过程一般可分为以下五个阶段，如图 2-2 所示。

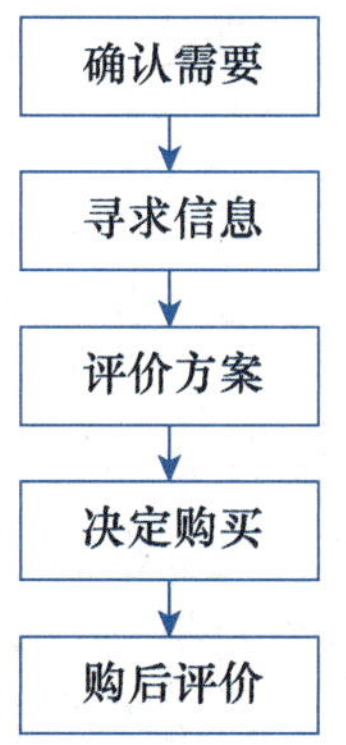

图 2-2 消费者购买决策过程

1. 确认需要

消费者的需要可以由内在因素或外在因素引起，营销人员应通过市场调研，注意识别引起消费者某种需要和兴趣的环境，并在此基础上安排诱因，促使消费者对本企业的产品产生强烈需求，并付诸购买行动。现在流行的直播带货方式就是通过直接面向消费者宣传，来激发消费者的需要。

2. 寻求信息

在多数情况下，消费者的需要不是马上就能满足的，他们往往需要寻找某些信息，如考虑购买什么型号的商品、花多少钱购买、去哪里购买等问题。消费者的信息来源主要有个人来源、商业来源、公共来源等。营销人员应当对消费者使用的信息来源加以识别，并对其重要程度分别进行评价，从而设计适当的市场营销组合，尤其是产品品牌广告策略，宣传产品的质量、功能、价格等，使消费者最终选择本企业的品牌。

3. 评价方案

消费者对产品的判断大多建立在自觉和理性的基础上，一般涉及产品属性、属性重要程度、品牌信念、效用函数等方面。消费者对产品属性的评价因人、因地、因时而异，有的注重价格，有的注重质量，有的注重品牌等，企业营销人员应当详细分析本企业的产品具备哪些属性，以及不同类型的消费者分别对哪些属性感兴趣，以便进行市场细分，为不同需求的消费者提供具有不同属性的产品。

4. 决定购买

消费者通过对可供选择的商品进行评价，并做出选择后，就形成购买意图，进而购买所偏爱的品牌。正常情况下，消费者在购买意图和决定购买之间，会受他人态度和意外情况的影响。消费者修正、推迟或取消某一购买决定，往往是因为受到已觉察风险的影响。觉察风险的大小由冒这一风险所支付的价格高低、产品性能优劣程度和消费者自信心强弱决定。企业营销人员必须了解对消费者来说有风险的因素，采取措施减少可觉察风险，推动消费者购买。

5. 购后评价

消费者购买商品之后，会产生某种程度的满意感和不满意感，进而采取一些购后行为。例如，消费者对产品满意，则会在需要时继续购买该产品，并向其他人宣传产品的优点；如果对产品不满意，则可能会放弃或退货，也可能向第三方表示不满。企业营销人员需要重视消费者的购后评价，并采取适当的措施消除不满，提高消费者满意度，因为这关系到企业今后的市场和信誉。

实战范例 2-4

NetJets 航空公司的部分所有权方案

航空业中最具盈利能力的客户群就是商务旅行者。NetJets 对这部分客户进行调查后发现，企业的高管们会选择乘坐航空公司的商务舱出行，或由企业购买一架飞机用于满足商务旅行的需求。前者需要耗费排队、转机等时间成本，后者需要耗费上百万美元的高额资金成本。

针对这种情况，NetJets 航空公司把飞机的所有权分成 16 等份，由 16 个顾客共同拥有，每位顾客每年可以享用 50 小时的旅行时间。这样，顾客就可以用最低 375 000 美元的价格（含驾驶员、保养和其他固定支出）购买一架总金额 600 万美元的飞机的一部分份额。也就是说，顾客付出了商业航空公司机票的成本，但是得到了私人飞机的便利，实现了资金成本和时间成本的协调。

NetJets 的部分所有权方案的特别之处在于，引入了部分所有权概念，让客户可以单独购买其机队某一架飞机的部分所有权。这让客户可以在享有私人豪华喷气式飞机的同时，免去一些相关的复杂手续，同时无须承担持有整架飞机的高昂成本。凭借商业航线和私人飞机的优势，在不到 20 年的时间里，NetJets 航空公司的规模就超过了许多航空公司，拥有了 500 多架飞机，在超过 140 个国家间经营着超过 25 万条航线。

二、分析组织市场购买行为

组织市场是指由所有为满足各种需求而购买产品和服务的组织机构所构成的市场。组织市场购买的目的不是自身消费，这是其与消费者市场的根本区别。组织市场由生产者市场、中间商市场和政府市场组成。

（一）组织市场购买行为的类型

1. 直接再购买

直接再购买指组织购买者按既定方案不做任何修订直接进行的采购业务。这是一种重复性的采购活动，基本上不用做新的决策，按一定的程序办理即可。在这种情况下，采购人员只需要从以往有过购销关系的供应商中，选取那些供货能满足本企业需要和能使本企业满意的供应商，并向他们继续采购即可。入选的供应商应当尽最大的努力保持产品和服务的质量，以维护和老客户的关系；落选的供应商应努力做一些新的工作，消除客户不满，争取新的订单。

2. 修正再购买

修正再购买指组织购买者对以前曾采购过的产品，在修改其价格、规格、数量或其他条件后再进行购买。这类购买需要购销双方重新谈判，有更多的人参与决策，比直接再购买要复杂。名单之内的供应商需要为了保持交易而加倍努力，对于名单之外的供应商来说，这是一个以更好的条件争取新业务的机会。

3. 新购

新购指组织购买者首次购买产品的行为。新购的成本费用较高，因参加决策的人员较多，需要的信息量较多，风险也较大。新购对于所有的供应商来说机会平等，应设法接触主要的采购人员，并提供有用的信息和协助，以促成交易。

（二）组织市场购买决策过程

1. 提出需要

生产者用户认识到自己的需要，明确了所要解决的问题时，便开始了采购过程。提出需要可以由内在刺激或外在刺激引起。

（1）内在刺激。

如企业决定推出一种新产品，则需要购置新设备或原材料来生产该产品；企业原有的设备发生故障，需要更新或购买新的零部件；已采购的原料不能令人满意，企业需要物色新的供应商。

（2）外在刺激。

如采购人员通过广告、展销会注意到了新的产品，或经推销人员介绍了解到了质量更好、价格更低的产品。

组织市场的供应商应主动推销，经常开展广告宣传，派人访问用户，以发掘潜在需求。

2. 确定总体需要

提出需要之后，采购方就要着手确定所需项目的总特征和需要的数量。简单的采购任务可以由采购人员直接决定。复杂的采购任务则需要会同其他部门共同来决定，并将产品的可靠性、耐用性、价格及其他属性按重要程度加以排列。在此阶段，供应商可以通过向购买者描述产品特征的方式向他们提供帮助，协助他们确定需求。

3. 说明需要

企业确定需要之后，要通过价值分析，对所需品种做出详细的技术说明，作为采购人员取舍的标准。价值分析的目的在于耗费最少的资源，获得最大的功效，以提高经营效益。供应商通过尽早参与产品价值分析，可以影响采购者所确定的产品规格，以增加中选机会。

4. 寻找供应商

在全新采购的情况下，采购者可以通过多种方式，如咨询商业指导机构、查询网络信息、找其他公司推荐、参加展会等寻找最佳供应商。供应商要加强广告宣传，争取在市场上树立良好信誉，提高知名度。

5. 征求建议

当所采购的商品复杂且昂贵时，采购者会要求待选供应商提供内容详尽的申请书，进行再一轮比较筛选，选择其中最优者。供应商应善于提出与众不同的建议，以获得顾客信任，争取成交。

6. 选择供应商

采购者在做出最后选择前，还可能与选中的供应商就价格或其他条款进行谈判。此外，采购者还需要确定供应商的数目，尽量多渠道进货，以避免对一个供应商过分依赖，还可以对各供应商的价格和业绩进行比较。

7. 签订合约

采购者发出正式订单给供应商，写明所需产品的规格、数目、预计交货时间、保修条件等项目。通常情况下，如果双方都有良好的信誉，采购者会愿意采取长期有效合同的形式，避免重复签约的麻烦。在这种合同关系下，供应商答应在一定时间内根据协议价格条件持续供应产品给采购者，存货由卖方保存。因此它也叫“无存货采购计划”。长期有效合同使得采购者和供应商的关系十分紧密，外界的供应商很难加入。

8. 绩效评估

采购者要对各供应商的绩效进行评估，可以通过向使用者征求意见来了解他们对购进的商品是否满意，检查和评价各个供应商履行合同的情况，并根据这种检查和评价，来决定以后是否继续向某个供应商采购产品。

实战范例 2-5

盒马鲜生：生鲜新零售

2019 年 6 月 30 日，中国连锁经营协会发布 2019 年中国超市百强榜单，盒马鲜生年销售额增长最快，同比增长 185.7%。盒马鲜生是阿里巴巴集团旗下以数据和技术驱动的新零售平台。该公司致力于为用户提供当日采摘包装的生鲜食材，用户通过手机 App 下订单，门店附近 5 公里范围内支持配送、门店自提，同时线下门店采用超市和餐饮相结合的模式，提供海鲜吧、茶饮区等服务。盒马鲜生希望为消费者打造社区化的一站式新零售体验中心，用科技和人情味带给人们“鲜美生活”。盒马平台的农产品，很大一部分来自阿里巴巴旗下的 1 000 个数字农业基地。为了长远发展，盒马鲜生将进一步促进线上线下业务打通，并与数字农业融合，形成更完善的商业生态闭环。

任务三　分析竞争者行为

任务导入

罗技公司的竞争策略

罗技公司因为生产计算机鼠标、游戏控制杆、键盘和其他设备而成为全球知名的公司。罗技公司还开发出了适用于惯用左手的人的鼠标、使用无线电波的无线鼠标、给孩子们用的老鼠形状的鼠标以及让使用者感觉就像是随着荧屏上的物体移动的三维鼠标等。罗技公司生产的鼠标相当成功，使其在这一领域的世界市场上已处于统治地位，其他企业只能在后面追赶。

任务分析

市场竞争是市场经济的基本特征之一，企业要想在激烈的市场竞争中立于不败之地，必须树立现代营销观念，强化服务意识，制定正确的市场竞争策略，努力取得竞争的主动权。那么，企业的竞争者有哪些类型，企业又该怎样实施竞争定位呢?

知识对接

一、分析竞争者

（一）识别竞争者

竞争者一般是指那些与本企业提供的产品类似，并且所服务的目标顾客也相似的其他企业。通常可以从产业和市场两个方面来识别企业的竞争者。从产业方面来看，提供同一类产品或可互相替代产品的企业，构成一个产业，如汽车产业、医药产业等。企业要想在整个产业中处于有利地位，就必须全面了解本产业的竞争模式，以确定自己的竞争者范围。从市场方面来看，竞争者是那些与本企业满足相同市场需要或服务于同一目标市场的企业。以市场观点分析竞争者，可使企业拓宽眼界，更广泛地认识自己的现实竞争者和潜在竞争者，从而有利于企业制定长期的发展规划。

（二）确定竞争者的目标和战略

确定了企业的竞争者之后，还需要进一步确定竞争者在市场上的目标和战略。

1. 竞争者的目标

每个竞争者都有侧重点不同的目标组合，如获利能力、市场占有率、现金流量、技术领先和服务领先等。企业要了解每个竞争者的重点目标是什么，才能对不同竞争者的行为做出正确的反应，避免不恰当地采取了威胁到竞争者主要目标的战略行动，从而引发激烈的市场竞争。

2. 竞争者的战略

分析竞争者的战略需要明确竞争者正在做什么和能够做什么。各企业采取的战略越相似，它们之间的竞争越激烈。在多数行业中，根据企业所采取的主要战略的不同，可将竞争者划分为不同的战略群组。例如，在小家电行业，美的、海尔、小熊等公司都提供中等价位的各种小家电，可以将它们归为同一战略群组。

（三）判断竞争者的反应模式

竞争者的目标和战略不同，决定了它们面对不同的市场竞争战略做出的反应不同。营销人员需要深入了解企业竞争者的思想和理念，对竞争者在企业采取某些措施或行为后的反应做出合理预期。竞争者的反应模式一般有以下四种。

1. 从容不迫型竞争者

此类竞争者反应不强烈，行动迟缓。其原因可能是认为顾客忠实于自己的产品；也可能是重视不够，没有发现对手的新措施；还有可能是资金不足，无法做出适当的反应。

2. 选择型竞争者

一些竞争者可能会在某些方面反应强烈，但对其他方面却不予理会，因为它们认为这对自己威胁不大。

3. 凶猛型竞争者

一些竞争者对任何方面的进攻都迅速强烈地做出反应。凶猛型的竞争者，一旦受到挑战，会发起猛烈的反击。

4. 随机型竞争者

有些企业的反应模式难以捉摸，它们在特定场合可能采取行动，也可能不采取行动，并且无法预料它们将会采取什么行动。

实战范例 2-6

海尔智家 6·18 和自己“开战”

2020 年 6 月 16 日零点，海尔智家天猫 6·18 正式进入促销阶段。与往年不同，这次，海尔智家直接向自己“开战”。

不同于众多品牌以低价吸引消费者，海尔智家更多地是以场景体验吸引消费者。例如，面对用户对健康家电需求的激增，海尔智家推出居家健康场景，比如 56 度 C 空调除菌场景、冰箱全空间保鲜场景等，以场景覆盖产品，满足用户需求。海尔智家还通过体验云平台，用全流程场景方案解决用户衣食住娱等各方面的难题，并为用户提供全套家装设计、建设、服务方案，让用户能轻松定制个性化智慧健康生活。在 6·18 期间，海尔智家推出智慧家庭场景购，为用户提供一站式智慧家庭场景解决方案，让用户可以把喜欢的场景“搬回家”。

海尔智家的一系列竞争战略效果显著，天猫渠道实时数据显示，海尔智家开卖仅 1 个小时，销售额即超去年 6·18 全天。

（四）分析影响竞争对策选择的因素

1. 竞争者的强弱

有些企业选择以较弱的竞争者为进攻对象，可节省时间和资源，事半功倍，但获利较少。有些企业选择以较强的竞争者为进攻对象，抓住其劣势，可提高自己的竞争能力并且获得较大利润。

2. 竞争者与本企业的相似程度

多数企业主张与近似的竞争者展开竞争，但同时又认为应避免摧毁近似的竞争者，因为其结果可能反而对自己不利。例如，竞争者一旦竞争失败，被其他企业收购，可能导致企业面临更强大的竞争者。

3. 竞争者表现的好坏

每个行业的竞争者通常都有表现良好和具有破坏性两种类型。表现良好的竞争者按照行业规则行动，合理定价，有利于行业稳定和健康发展；具有破坏性的竞争者则不遵守行业规则，常有冒险之举，或用不正当的手段扩大市场占有率等，破坏行业的平衡。企业应当与按行业规则行动、表现良好的竞争者共同促进、协调发展，对不遵守行业规则、具有破坏性的竞争者进行竞争、对抗。

二、实施竞争定位

根据企业的市场竞争地位可把企业分为四种类型：市场主导者、市场挑战者、市场跟随者、市场补缺者。它们的市场占有率情况如下：市场主导者的市场占有率一般为 40%；市场挑战者的市场占有率一般为 30%；市场跟随者的市场占有率一般为 20%；市场补缺者的市场占有率一般为 10%。

（一）市场主导者

市场主导者是指在相关产品的市场上占有率最高的企业。它在价格变动、新产品开发、分销渠道的宽度和促销力量等方面处于主导地位，为同行业者所公认。它是市场竞争的先导者，也是其他企业挑战、效仿或回避的对象。市场主导者几乎在各行各业都有，它们的地位是在竞争中自然形成的，但不是固定不变的。市场主导者具备的优势包括：消费者对品牌的忠诚度高，营销渠道完善并且高效运行，营销经验可迅速积累，等等。

市场主导者的战略包括三种：一是扩大市场需求总量，如发现新用户、开辟新用途、增加使用量等；二是保护市场占有率；三是提高市场占有率。

（二）市场挑战者

市场挑战者是指那些为了扩大市场占有率而对市场主导者积极发起进攻的企业。居于次要地位的企业主要采用两种战略：一是争取市场领先，向竞争者挑战，即做市场挑战者；二是安于次要地位，在“共处”的状态下求得尽可能多的收益，即做市场跟随者。市场挑战者为扩大市场占有率可以采用三种战略：一是攻击市场主导者，夺取某些市场；二是攻击与自己实力相当者；三是攻击地方性小企业。

（三）市场跟随者

市场跟随者不是向市场主导者发起进攻并图谋取而代之，而是跟随在主导者之后自觉地维持共处局面。通常市场追随者以模仿竞争对手的创新产品或经营模式为立足点，力求占领部分市场，实现可持续发展。市场跟随者可以采用三种战略：一是紧密跟随，即在各个细分市场和营销组合方面尽可能模仿主导者；二是距离跟随，即在主要方面，如目标市场、产品创新、价格水平和分销渠道等方面追随主导者，但也保持若干差异；三是选择跟随，即在某些方面择优跟随，在另一些方面发挥自己的独创性。

（四）市场补缺者

市场补缺者是指精心服务于市场上的某些细小部分，而不与主要的企业竞争，只是通过专业化经营来占据有利的市场位置的企业。市场补缺者取得市场位置（补缺基点）的主要战略为市场专业化营销，即在市场、顾客、产品或渠道等方面实现专业化。它们需要完成三个任务：一是创造补缺市场；二是扩大补缺市场；三是保护补缺市场。

任务四　实战演练

实战演练 1　市场营销环境分析

【实训任务】

结合小组模拟设立的企业进行营销环境分析，寻找营销机会。

【实训目标】

锻炼学生分析企业营销环境的能力，为今后从事营销工作奠定基础。

【实训要求】

要求学生以小组为单位，结合模拟设立的企业，从宏观和微观两个方面进行营销环境分析。

【实训步骤】

（1）学生按一定标准分成若干小组，对小组进行分工。

（2）以小组为单位进行讨论，对模拟设立的企业进行分析方案设计。

（3）实地进行调查，搜集所需要的营销环境分析信息。

（4）整理信息并分析选定企业的营销环境。

（5）形成总结。

（6）各组相互评价实训效果，教师点评。

实战演练 2　认知自己的消费

【实训任务】

结合自己印象比较深刻的一次消费活动，分析自身的购买行为类型、影响你购买的原因及整个购买过程各个环节的特征。

【实训目标】

培养学生的购买行为分析能力，提高其在营销工作此环节的工作能力。

【实训要求】

要求学生以小组为单位进行讨论。

【实训步骤】

（1）学生按一定标准分成若干小组，对小组进行分工。

（2）组长把讨论时的基本要求（如每个成员不得少于 5 分钟、负责记录的同学等）告知组员，对组员的讨论主题进行统计并公布给组员，每个组员按各自的主题分别进行准备。

（3）以小组为单位进行讨论，组长进行点评。

（4）各组形成一份完整的分析报告。

（5）各组选一名代表，进行组间汇报并互评，最后由教师进行评价。

项目小结

1. 市场营销环境分为宏观营销环境和微观营销环境。

2. 消费者购买行为是指消费者为获取、使用、处置消费品或服务所采取的各种行动，包括先于且决定这些行动的决策过程。消费者购买行为主要受文化、角色、个人、心理等因素的影响。

3. 组织市场分为三种类型，即生产者市场、中间商市场和政府市场。组织市场购买行为的类型大体有三种：直接再购买、修正再购买、新购。

4. 根据企业的市场竞争地位，可把企业分为市场主导者、市场挑战者、市场跟随者和市场补缺者四种类型。

职业技能测试

一、单选题

职业技能测试答案

1. 随着家庭收入的增加，用于食品方面的支出占家庭总收入的比例会（　　）。

A. 提高　　B. 降低

C. 不变　　D. 没有对应关系

2. 下列不属于宏观营销环境因素的是（　　）。

A. 人口环境　　B. 经济环境

C. 竞争者　　D. 技术环境

3. 购买商品和服务供自己消费的个人和家庭被称为（　　）。

A. 生产者市场　　B. 消费者市场

C. 转售市场　　D. 组织市场

4. 消费习俗属于（　　）因素。

A. 人口环境　　B. 经济环境

C. 社会文化环境　　D. 自然环境

二、判断题

1. 企业的营销活动往往只能被动地受制于环境的影响。 （ ）
2. 文化对市场营销活动的影响多半是通过直接的方式进行的。 （ ）

三、简答题

1. 微观营销环境包含哪些内容？
2. 影响消费者购买行为的因素有哪些？
3. 市场主导者应通过哪些途径来扩大市场需求总量？

四、案例分析题

A公司的采购决策

张先生是A公司的采购员，A公司的研发部要求其购买一批溶剂。近来A公司与M公司的销售员接触较多，对方已经报出该项订单的价格和交期等信息，但张先生并没有急于和M公司签订合同，而是向其他几家知名公司询问了同样溶剂的报价和交期。此时，A公司的生产总监李先生和张先生就生产进度的问题进行交流时，提到M公司上一批交货延误了交期，影响了生产进度。

张先生收到其他三家公司的报价单后，与M公司的报价单进行了比较，并决定从其中价格最低的一家公司订货，以控制订货总金额。因为该笔订单交易金额较小，张先生可以自己做主采购，不必再向上级申请。

订单完成后，张先生及时向研发部征询了对于此次交易商品的满意程度。

思考：A公司本次购买决策涉及哪些环节？

项目三
开展市场营销调研

职业知识

1. 了解营销信息与营销信息系统；
2. 了解大数据与大数据营销；
3. 了解市场营销调研的程序，掌握市场营销调研的方法；
4. 掌握市场调查问卷的设计技巧；
5. 掌握市场营销调研报告的撰写方法。

职业能力

1. 会制订市场营销调研计划；
2. 具备运用正确的程序和方法开展市场营销调研、设计市场调查问卷的能力；
3. 具备资料整理分析、系统思考、团队合作、交往沟通能力，培养市场营销调研报告写作能力与技巧。

任务一　营销信息系统与大数据营销

任务导入

大数据应用于能源行业

智能电网现在在欧洲已经发展到了终端，也就是所谓的智能电表。在德国，为了鼓励利用太阳能，客户在家庭安装太阳能后，当太阳能有多余电的时候，电力公司可以买回来。通过电网每隔五分钟或十分钟收集一次数据，收集来的这些数据可以用来预测客户的用电习惯等，从而推断出在未来2～3个月时间里，整个电网大概需要多少电。有了这个预测后，就可以向发电或者供电企业购买一定数量的电。因为电类似期货，如果提前买就会比较便宜，买现货就比较贵。通过这个预测，可以降低成本。

维斯塔斯风力系统依靠BigInsights软件和IBM超级计算机，对气象数据进行分析，可以找出安装风力涡轮机和整个风电场的最佳地点。利用大数据，以往需要数周的分析工作，现在仅需要不足1小时便可完成。

任务分析

能源行业利用大数据收集客户用电数据并用来预测客户用电习惯，进而预测客户用电数量，不但方便了客户购电，降低了成本，还大大提高了分析工作效率。那么，什么是大数据，如何利用大数据进行营销呢？

一、营销信息与营销信息系统

所有的市场营销活动、经营决策都以信息为基础而展开。企业在经营活动中不断接收信息，同时也产生新的信息。信息有的来自企业内部，有的来自企业外部。企业在经营活动中涉及的信息量是巨大的，但并不是每一个信息都很重要。市场营销调研主要是为了获取对企业营销决策有价值的市场营销信息。

（一）营销信息

营销信息是指在一定时间和条件下，经过加工整理，被市场营销者所接受，对其完成市场营销任务有使用价值的情报、资料和消息。

小思考 企业营销决策需要哪些信息呢？

（二）营销信息系统

营销信息对于企业的发展有着非常强的引导性，但同时营销信息又非常复杂、繁多。要想及时、准确地对营销信息进行精确的分析，并使营销信息最终成为企业决策时的依据，需要企业建立一套完整的营销信息系统。

营销信息系统是指由人、机器和程序组成的，为营销决策者搜集、挑选、分析、评估及时准确、有价值的信息的系统。营销人员为了分析、计划、实施和控制营销工作，需要各种有价值的信息，而提供信息的任务就由营销信息系统完成。

营销信息系统主要由内部记录、营销情报、营销调研和营销决策支持四个子系统组成，其在企业的营销过程中具有相当重要的地位，如图3-1所示。

1. 内部记录系统

内部记录系统用于获取企业在生产经营过程中所产生的、能反映企业经营状况全貌的信息。这是企业营销管理者经常使用的最基本的信息系统，主要负责及时提供商品、财务、人员、原材料等方面的信息，帮助企业整合资源、优化管理、提升效率。

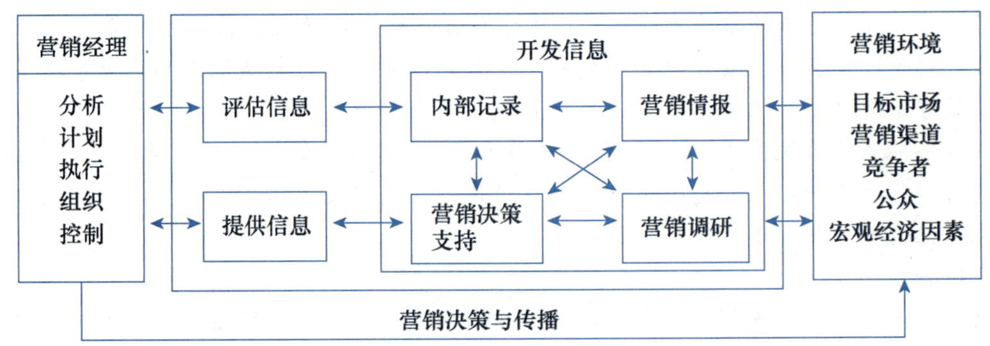

图 3－1　营销信息系统

2. 营销情报系统

营销情报系统用于企业获取外部市场环境中所发生的有关动态的信息，是常态化获得日常市场信息的程序和来源。情报信息一般由企业营销人员主动地通过零售商、渠道商、中间商、情报供应商等各种途径获得。情报信息也存在一定的真伪性，有的企业可能会为误导竞争对手而故意释放虚假情报。

3. 营销调研系统

营销调研系统用于企业系统地设计、搜集、分析和整理与企业营销活动有关的数据资料。营销调研系统更为深入、具体化地研究市场信息，如市场需求量的测量、市场占有率分析、销售分析等，通常是针对某个确定的问题开展有针对性的市场研究，并对研究结果提出正式报告，供决策者解决特定问题。在实施营销调研时，企业可以运用自身资源组织实施，也可以委托专业的第三方调研机构组织实施。

4. 营销决策支持系统

营销决策支持系统是更为专业化的营销信息处理系统，其主要依托先进的统计程序和数学模型，对营销信息进行分析处理，寻找信息背后存在的规律与趋势，从中挖掘出更精准的研究结果，供决策使用，是对信息管理系统的进一步提升。它通常由资料库、统计库和模型库组成。其中，资料库主要是存储大量信息，统计库主要是通过统计分析从数据中提取有意义的信息，而模型库主要是各种营销决策问题的数学模型，如新产品销售预测模型、竞争策略模型。

二、大数据与大数据营销

（一）大数据

大数据（big data），指无法在一定时间范围内用常规软件工具进行捕捉、管理和处理的数据集合，是需要通过新处理模式进行处理才能具有更强的决策力、洞察发现力和流程优化能力的海量、高增长率和多样化的信息资产。

IBM 提出了大数据的“5V”特点，即 volume（数据量大）、variety（种类和来源多样化）、value（数据价值密度相对较低）、velocity（数据增长、处理速度快，时效性要求高）、veracity（数据的准确性和可信赖度高，即数据的质量高）。

（二）大数据营销

1. 大数据营销的概念

大数据营销是指企业通过大数据分析，更为精准地描述、分析、预测并引导消费者行为，帮助企业进行更为有效的营销决策的过程。

大数据营销衍生于互联网行业，又作用于互联网行业。它依托多平台的大数据采集，以及大数据技术的分析与预测能力，能够使广告更加精准有效，给品牌企业带来更高的投资回报率。

2. 大数据精准营销的核心

大数据精准营销的核心有三个因素，分别是目标用户的定位、潜在用户的发掘以及用户消费行为的引导。要想通过大数据技术完成精准营销，需要完成以下几个步骤：

（1）用户覆盖。

大数据精准营销的第一步就是用户覆盖，而用户覆盖的基础则是用户行为数据的采集。用户行为数据采集通常有三个渠道：其一是自身的互联网系统，包括各种企业自身的各种互联网产品；其二是大型互联网资讯平台，这是一个比较重要的渠道；其三是搜索渠道。除自身的互联网系统之外，其余两个渠道通常需要进行合作。

营销资料 3-1

京东大数据领航的精准营销

2016 年 3 月 28 日，以“构建电商新生态”为主题的中国（深圳）电子商务发展论坛在深圳隆重举行。来自国内外各大电子商务领军企业及相关研究机构的近 2 000 位精英齐聚一堂，共同探讨和解读电子商务发展至今的经验以及新的一年如何打造电商产业闭合生态圈层。在“互联网+时代的商业变迁”论坛演讲环节，京东集团副总裁、数字营销业务部负责人颜伟鹏现场发表了主题为“数字营销 3.0——电商营销时代，品商面临的机遇和挑战”的演讲。

颜伟鹏从宏观角度指出电子商务开启了数字营销业新世界的大门，而随着数字营销业的飞速成长和电商平台广告占比份额的不断提高，如今电子商务已经进入数字营销 3.0 阶段——电商营销时代，新的数字营销将完成从“消费者洞察”到“需求精准定向”到“线上线下整合”再到“效果精确衡量”乃至“大数据反馈”的完美闭环。自此，电商与数字营销成为相辅相成的有机整体，两大产业携手迈入新高度。

“我们把大数据开放出来给合作伙伴使用，把京东的数字营销能力开放出来。”颜伟鹏表示，面对新时代的机遇与挑战，京东的京准通营销平台致力于成为“最具品质的一站式数字营销服务伙伴”。

作为中国领先的自营式电商企业，京东拥有 1.55 亿年度活跃用户，百万级购物标签，基于“京腾计划”，实现腾讯社交大数据与京东电商大数据的打通，帮助品商精准量化决策，提供高品质电商的大数据支持。在投放上，京准通营销平台以京东大数据为基础，通过站内站外的整体投放、线上线下的全面整合，为品牌和商家提供从量化决策到营销推广，再到效果反馈的“一条龙”服务。

颜伟鹏直言：“京准通的价值，就是以多元营销产品为客户提供精准营销所需的精准流量。”如何实现精准营销？首先是确定营销目标，京准通可以通过大数据分析，给客户提一些建议。其次是确定营销人群，根据京东大数据，确定营销的核心人群、意向人群、竞品人群、流失人群等。把人群圈定以后，接下来就是帮助选定营销工具。目前，京准通打造的“京东快车”“京选展位”“京东直投”“京挑客”等营销产品，多元化的投放体系和渠道相互组合，帮助商家根据自身特点制定完整的营销方案，以最合适的营销工具提升营销的投资回报率。最后是进行效果衡量。京东会根据技术上的关键绩效指标，做用户洞察，同时也帮客户做调研，形成一个非常完整的解决方案。

目前，京准通营销推广平台已经成功服务了300多个品牌，颜伟鹏表示，京准通为合作伙伴提供最具品质的一站式数字营销服务，希望使合作伙伴在京东平台上把生意做得更大，增长更快，携手共赢电商营销新时代。

资料来源：京东集团. 京东颜伟鹏：用京东大数据领航精准营销.（2016-03-30）[2020-05-22]. https://www.sohu.com/a/66703779_310397.

（2）用户行为数据分析。

用户行为数据分析是发现目标用户和潜在用户的关键环节，所以在大数据落地到广大传统行业的过程中，数据分析能力是传统企业应该关注的重点环节。数据分析的方式和能力往往决定了数据分析的效果，通常不同行业都有针对性的分析工具，也可以自己开发针对性的数据分析产品。

（3）信息推送。

信息推送是大数据精准营销的最后一个环节，同时也是一个非常重要的环节。信息推送的形式对于营销效果有重要影响，目前常见的推送形式包括短信息、传统电话以及互联网方式，其中互联网方式更容易被用户接受。互联网信息推送通常需要跟具体的平台进行合作，呈现形式往往也比较多样化，可以根据实际情况进行选择。

大数据精准营销还需要把握好用户数据的使用边界（注重用户隐私数据的保护），否则容易造成负面影响，甚至导致更严重的后果。

实战范例 3-1

云南白药“大数据+明星”品牌营销

2017年6～9月，阿里妈妈携手日化行业的领先品牌——云南白药，开展了一系列以大数据为引擎，以阿里生态为舞台的营销活动，通过加热度、挖深度、拓广度三大模式，翻开了日化行业创新营销的新篇章。

6月，云南白药牙膏官方旗舰店全新开业，云南白药一开始就着眼于“通过新店开业营销，为品牌有效沉淀长期营销优势”，开展了系列传播活动。通过深度挖掘品牌特色，“化明星粉丝为店铺粉丝”成为撬动本次新店开业的关键发力点。基于阿里大数据，通过对全淘用户搜索、浏览、购买、分享行为的深度挖掘，阿里妈妈为云南白药量身定制了“明星粉丝”人群包，在淘内为云南白药精心筛选了明星粉丝人群，同时通过“帮爱豆上头条”的明星PK创新互动机制，促使粉丝踊跃参与，在短短数天内，就为新店制造了过亿曝光，吸引了超过75万粉丝踊跃参与互动，为新店“借”来了超过30万粉丝，为新店的长期营销打下了良好基础。以明星带热度和黏度，阿里妈妈与云南白药一起探索并优化了“大数据+明星”赋能新店开业的全新营销形态，为行业树立了全新的标杆。

8月，以《春风十里不如你》在优酷热播为契机，通过淘内数据与优酷数据深度打通，在优酷抓取了《春风十里不如你》的所有观影人群，并通过ID比对，对他们进行了淘内重触达，在大数据营销上迈出了关键一步；同时，通过对飞猪、优酷、捉猫猫等阿里系资源的深度整合，阿里妈妈为云南白药量身定制了IP媒体矩阵，对商旅人群、娱乐人群和行业人群进行了深度渗透，通过大数据对品牌兴趣人群、牙膏类目兴趣人群、冯唐粉丝人群、《春风十里不如你》观影人群在淘内进行精准触达，品牌8月总销量同比去年增长超过50%，环比增长超过25%。

9月，云南白药与知名财经作家吴晓波合作，开展了以“齿久清新益起来”为主题的关爱西藏儿童公益活动，并与聚划算、天猫超市、闲鱼、优酷等淘内平台进行了深度合作，打造了一个专属于云南白药的“超级品牌月”。通过大数据，阿里妈妈让云南白药的公益主题促销活动与淘内公益人群完美对接，并强力带动了云南白药9月在淘内市场份额的显著提升。

以大数据为催化剂，阿里助力云南白药公益行动和电商大促完美融合，并深度对接阿里生态，进行了一次“生态级”的品牌大促，把节点大促场景拓展到了全新的广度。

资料来源：艾瑞网．云南白药：用大数据，让每场营销更有度．（2020-06-29）[2020-07-04]．http://a.iresearch.cn/case/6128.shtml.

任务二 市场营销调研的设计与实施

任务导入

海尔智家构建衣、食、住、娱“美好生活”解决方案

物联网时代，当电器变成网器，用户需要的不再仅仅是具有单一智能功能的产品，而是个性化、可迭代的场景体验。用户的体验不可能聚焦于某一个产品或某一个行业，因此行业要跨越边界联合起来，形成生态，给用户构建场景，满足其需求。海尔也在联合生态方以“体验云众播”的模式，为用户创造全新的场景体验。

在人单合一模式下，海尔智家以用户为中心，不断升级场景建设，满足用户的多样化智慧生活需求。以冰箱为例，过去的用户需要的可能仅仅是一台保鲜功能强大、节能静音的冰箱产品，而今天的用户需要的则是从这台冰箱延伸出来的健康生活方式。

海尔跳出产品端，走向体验端，以场景为依托，构筑开放的生态系统，让全球资源围绕用户需求进行赋能。海尔食联网推出了以冰箱为核心的智慧母婴场景，满足用户从母乳储存到教养孩子的全流程需求：不仅有冰箱专属的母婴空间主动设置黄金4℃母乳储存温度，还有生态方提供的暖奶器，让家人给宝宝喂奶时能主动加热到37℃。至于宝宝辅食吃什么，也有专业营养师提供建议。

围绕全球用户在“衣、食、住、娱”等方面的生活需求，海尔集团旗下的海尔智家全球七大高端品牌已经纷纷开始了场景化、生态化的转型升级。五大全球化品牌分别打造了北美 GE Appliances 的未来厨房、斐雪派克的社交厨房、AQUA 智慧“社区洗”以及 Candy 的互联家电等多个智慧家庭套系。通过搭建食联网、衣联网、空气网等生态圈，海尔智家串联起涵盖 40 多个行业的数千家资源方，为用户提供生活方式和场景生态。这样的体验优势，也帮助海尔智家在 2020 年 1—4 月整体承压的市场环境下，实现 31%的逆势增长。

资料来源：海尔官网. 海尔蝉联 2020 年 BrandZ 全球品牌百强，物联网生态品牌持续引领. (2020-06-30) [2020-06-30]. https://www.haier.com/press-events/news/20200630_139578.shtml.

任务分析

这个案例说明，只有充分认识市场，了解市场需求，为顾客提供满意的产品和服务，对市场做出科学的分析判断，决策才具有针对性，才能拓展市场，使企业兴旺发达。市场营销调研是企业经营决策的前提。那么，什么是市场营销调研，如何开展市场营销调研呢？

知识对接

一、认知市场营销调研

（一）市场营销调研的含义与分类

市场营销调研，就是运用科学的方法，有目的、有计划、有系统地搜集、整理、分析和研究有关市场营销方法的信息，并提出研究报告，以便帮助管理人员了解营销环境，及时发现问题与机会，为市场预测和营销决策提供依据的系统活动过程。

根据研究的性质，可将市场营销调研分为探索性调研、描述性调研、因果关系调研和预测性调研。

（二）市场营销调研的内容

1. 营销环境调研

营销环境是企业生存发展的空间范围，企业的营销环境包括微观环境和宏观环境，它们通过直接和间接相结合的方式给企业的营销活动带来影响。

2. 消费者需求调研

消费者需求是企业一切经营活动的起点，对消费者需求进行调研就是要了解和熟悉消费者需求的变化规律，努力满足其需要。消费者需求调研的内容主要包括消费者结构、需求特点、购买的数量与种类、购买动机与习惯、购买能力与行为、态度和购买意图等因素。

3. 竞争者状况调研

竞争者状况调研包括竞争企业的产品、价格、竞争手段和策略等方面的情况。通过竞争者状况调研，可以做到知己知彼，帮助企业确定竞争策略及手段。

4. 企业营销策略调研

市场营销因素包括产品、价格、渠道和促销，企业营销策略调研及选择主要围绕这四个因素展开。产品的调研包括新旧产品开发及发展情况、消费者使用现状及评价、产品市场生命周期阶段及组合情况等；价格调研包括消费者对价格的接受情况、对价格策略的反应等；渠道调研包括当前渠道的结构现状、中间商的状况、消费者对当前渠道的满意情况等；促销调研包括各种促销活动的效果，如广告、人员推销、营业推广的效果及对外宣传的市场反应等。

市场营销调研是一项系统的工程，圆满完成调研任务，离不开严密科学的计划、组织、执行和控制，每一个流程和环节都要力求细致、严密。

二、市场营销调研的步骤

一般而言，一个完整的市场营销调研过程包括以下几个步骤，如图 3-2 所示。

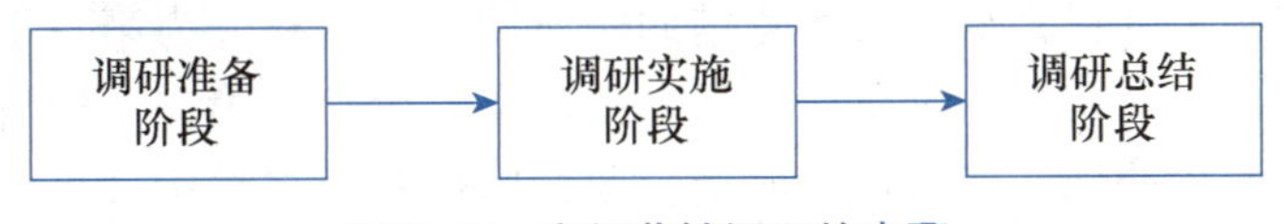

图 3-2 市场营销调研的步骤

（一）调研准备阶段

市场营销调研是一项有目的的活动，这一阶段的工作主要是确定市场调研的目的、要求及范围并据此制定调研方案。

1. 提出调研问题

市场营销调研要有的放矢，在初期阶段必须根据上层决策者的要求及市场中的新情况，提出需要调研的问题，即调研目的。所谓问题，就是企业营销与市场环境不相适应的表现。问题一般来源于以下两个方面：一是企业营销中存在的问题，如产品质量、价格、服务方面的问题。二是企业经营中发现的问题，如开发什么样的市场和产品、如何满足市场需求等。为了更好地确定有效的调研问题，企业除了可以与管理决策者讨论企业发展目标，还可以通过与专家、有经验的营销人员等探讨来获得对调研问题的深刻理解，并通过搜集相关二手资料来对调研问题进行有效证明。

2. 分析问题

发现营销和经营活动中存在的问题后，就要对问题进行全面、客观的分析，可将企业营销中迫切需要解决的问题放在首位，作为调研要解决的问题。

3. 制定调研方案

调研方案是在调查研究前所制订的实施计划，也是全部调查过程的指导性文件，是调查工作有计划、有组织、有系统地进行的保证。因此，在调研初期制定相应的调研方案，可以推动整个调研工作更好地开展。调研方案主要包括以下几个部分：

（1）调研目标。

调研要解决的问题明确后，应确定具体的调研目标，即对需要解决的问题进行分析，判断问题的症结所在，弄清应该调查什么，从而确定调研目标。可以在探索性调研、描述性调研和因果关系调研三种调研目标中做出选择。

（2）确定调研项目。

企业必须依据调研目标来设置调研项目，影响调研目标的因素都可以成为调研项目，但要选择与调研主题密切相关的项目。市场营销调研要求对市场状况、消费者购买、竞争对手、宏观环境、企业条件进行分析，因此调研计划一般要包含这五大调研项目，每个调研项目都有自己的具体调研内容。

（3）确定调研对象和调研单位。

确定了调研项目之后，就要确定调研对象和调研单位。这主要是为了解决向谁调研和由谁来具体提供资料的问题。例如，对××市中小企业电子商务应用状况进行调研，那么该市所有的中小企业就是调研对象，受调查的每一个中小企业就是调研单位。注意要对所调研对象有明确清晰的界定，如符合什么条件的为中小企业，在调研之前应该有一个清晰的定义。

（4）确定资料来源。

根据调研内容确定资料来源。市场营销调研所搜集的资料分为第一手资料和第二手资料。第一手资料是为当前特定的调研目标而自己搜集的信息。第二手资料是为其他特定的调研目标而搜集的已存的现成资料，一般指企业在以往营销过程中搜集、整理、保存起来的可以运用的信息，以及存在于企业外部的与市场营销有关的政府资料、商业资料、行业资料。

一般来说，在调研活动中两方面资料都需要搜集，应该充分地运用第二手资料，但也应该安排第一手资料的搜集。

（5）安排调研时间和调研地点。

市场营销调研是对一个时期的某种现象进行的调研，所以要确定市场营销调研什么时间进行，什么时间结束，并规定每个阶段要完成的任务。

另外，还要确定调研在什么地区进行，是选择一个区域还是几个区域，是选择现场调研还是网上调研，应该根据具体调研项目和资料性质进行选择和安排。

（6）拟定调研方法。

当需要搜集第二手资料时，应该采用资料调查法（文案调查法）；当需要搜集第一手资料时，应该采用实地调查法。总之，可以根据资料的不同来源来确定具体的调研方法。一般来说，首先考虑运用资料调查法，在满足不了调查需要的情况下，再考虑实地调查法。

（7）选择调研工具。

在搜集第一手资料时，使用的调研工具主要是调查问卷，问卷就是根据调研目的和内容而设计的。在搜集第二手资料时，可以采用网络搜索、查阅文献资料等方式。

（8）进行费用预算。

调研费用一般包括劳务费、问卷费、差旅费和设备使用费。在编制调研预算时，通常先把某项调研的所有活动或事件都一一列明，然后估算每项活动的费用，最后再汇总。预算仅仅是一种估计，应有一定的灵活性，即预算金额要有一个上下差异幅度。

（9）安排调研分工。

市场营销调研一般都是团队集体活动，需要多人合作才能完成。在制订调研计划时，资料搜集任务可以集体进行，也可以分工进行；但报告的撰写一定要有具体分工，落实到每个调研小组成员，保证调研报告按时按质地完成。

营销资料3-2

大学生笔记本电脑市场营销调研计划

一、概要

对于当代大学生来说，其对笔记本电脑的需求越来越明显。由于大学生学校生活比较单一，日常的学习和活动都离不开网络，因此他们需要有一台电脑。相比较而言，笔记本电脑更加轻巧便捷，更适合大学生使用。

二、调研目的

通过本次调研，主要达到以下目的：

(1) 了解大学生对笔记本电脑的需求程度及大学生的消费观与消费习惯；

(2) 全面摸清某企业品牌在消费者中的知名度、渗透率、美誉度和忠诚度；

(3) 把握主要品牌笔记本电脑的常规销售方式；

(4) 分析、了解大学生消费者对笔记本电脑的消费行为与消费特点；

(5) 统计资料，预测笔记本电脑的市场容量及潜力。

三、调研内容

(一) 行业市场环境调研（具体略）

(二) 消费者调研

(1) 消费者对笔记本电脑的使用情况与消费心理（必需品、偏爱、经济、便利、时尚等）；

(2) 消费者对各品牌笔记本电脑的了解程度（包括功能特性、价格、质量保证等）；

(3) 消费者对笔记本电脑品牌的意识，对本品牌及竞争品牌的喜好程度及品牌忠诚度；

(4) 消费者消费能力、消费层次及消费比例统计；

(5) 消费者理想的笔记本电脑描述（包括对笔记本电脑的颜色、外观、功能、内存大小等方面的偏好与需求）。

(三) 竞争者调研（具体略）

四、调研对象与抽样方法（具体略）

五、调研人员的规定、人员安排（具体略）

六、市场营销调研方法

以问卷调查为主，具体实施方法如下：

(1) 在完成市场调查问卷的设计与制作及调查人员培训等相关工作后，就可以开展具体的问卷调查。

(2) 把调查问卷平均分发到各调查人员手中，最好选择晚餐后学生比较空闲的时候进行调查。

(3) 由于学生在宿舍时比较集中，便于调查，故对于要重点调查的对象所在的宿舍可进行走访调查。进入宿舍时要先说明来意，并特别声明在调查结束后将赠送被调查者精美礼物一份，以吸引被调查者积极参与，得到准确、有效的调查结果。

(4) 在调查过程中，调查人员应耐心等待，切不可催促；也可借机介绍一下本品牌笔记本电脑专门为学生设计的性能。

(5) 调查人员可以当时收回调查问卷，也可以第二天收回（这样有利于被调查者充分考虑，从而得到更真实、有效的结果）。

七、工作内容与调研时间（见表 3-1）

表 3-1 工作计划进度表

序号	工作内容	调研时间（天）
1	调查问卷、访谈提纲的设计	3
2	调查问卷、访谈提纲的讨论、修改与确定、印刷，调查人员培训	2
3	各项调查的具体实施	5
4	调查问卷回收、抽检、整理、原始数据编码与录入	3
5	数据统计处理分析	2
6	文献资料查阅、归纳、整理	2
7	调查组成员小组讨论、总结，撰写调研报告	1
8	合计	18

八、经费预算（具体略）

资料来源：杨勇，陈建萍．市场营销：理论、案例与实训．4 版．北京：中国人民大学出版社，2019.

4. 选择调研方法

在确定调研方法时，采用何种方式、方法不是固定和统一的，而主要取决于调研对象和调研任务。一般情况下，为准确、及时、全面地取得市场信息，尤其应注意多种调研方法的综合运用。

按照资料的来源，可以将调研方法分为文案调查法和实地调查法。

(1) 文案调查法。

文案调查法又叫资料调查法和二手资料分析法，是指市场研究人员通过搜集已有的资料、数据、报告和文章等有关的二手信息，并加以整理、分析、研究和利用的一种市场调研方法。

文案调查法是对二手资料进行搜集，资料主要来源于企业内部和企业外部。

1) 企业内部资料。

A. 营销调研部门汇编的资料。

即企业营销调研部门或个人把每个调研课题所掌握的全部资料做好索引并归入档案，需要时直接调用。此外，还包括营销调研部门搜集的报纸、杂志和其他文献简报等。

B. 企业信息系统提供的统计资料。

即企业业务活动中所发生的客户订货单、销售额及销售分布资料、销售损益表、库存报表、产品成本报表等统计资料。对其进行分析可以检验各种因素的变化情况。

2) 企业外部资料。

即公共机构提供的已出版和未出版的资料。资料来源有：A. 国家统计机构公布的统计资料；B. 行业协会发布的行业资料；C. 图书馆保存的商情资料；D. 出版机构提供的书籍、文献、报纸、杂志；E. 银行的咨询报告、商业评论期刊；F. 专业组织的调查报告；G. 研究机构的调查报告。

（2）实地调查法。

1）观察法。

观察法是指调查者在现场对被调查者的情况直接进行观察、记录，以取得市场信息资料的一种调研方法。观察法在应用时因双方不正面接触，所以观察结果较自然、客观、真实、具体、准确；但受时空条件限制又仅限于表面现象的观察，很难得到被观察者的内在信息，且花费时间长，成本高。观察法可分为直接观察和间接观察；公开观察和非公开观察；自然环境观察和设计环境观察。

2）询问法。

询问法是指访问者通过询问访谈的形式，向被访者提出问题，通过被访者口头回答或填写调查表等形式来搜集市场信息资料的一种调研方法。询问法是搜集第一手资料最主要的方法。询问法具体分为以下几种方法。

A. 面谈询问。

面谈询问是指调查者通过与被访者面对面进行访谈，获取信息资料的一种调研方法。面谈询问又分为街头拦截访问和入户访问两种方式，不论采用哪种方式都必须事先设计好周密的调研方案，按设计好的调研方案或提纲对调查对象进行访问。

B. 电话询问。

电话询问是指通过电话向被访者进行询问，以获取信息资料的一种调研方法。这种方法抽样简便、速度快、效率高，容易接近不易接近的调查对象，适合于小样本调查。

C. 邮寄询问。

邮寄询问是指将设计好的调查问卷通过邮政网络系统寄给选定的调查对象，由被访者按规定的要求和时间填写并寄回问卷的一种调研方法。这种方法以提高邮寄问卷的回收率为关键点。

D. 留置问卷询问。

留置问卷询问是指调查者将调查问卷交给被调查者，说明调查目的和要求，由被调查者自行填写回答，调查者按约定时间收回的一种调研方法。其优点是回收率高，被调查者可仔细思考，认真作答，避免由于时间仓促或误解产生误差；缺点是调查区域范围受到一定限制，难以进行大范围的留置问卷调查，时间长，费用相对较高。

E. 网络询问。

网络询问又称网上调查或网络调研，是指企业利用互联网来搜集和掌握市场信息的一种调研方法。目前网络调研的方法主要有站点法、电子邮件法、网站跟踪法、网络会议法、在线访谈法和搜索引擎法等。

3）实验法。

实验法是指从影响调查对象的若干个因素中选择一个或几个作为实验因素，在控制其他因素不发生变化的条件下，观察实验因素的变化对调研对象的影响程度，从而为企业的营销决策提供参考依据的一种调研方法。其结果较客观、准确、可靠，但往往费时、成本高，而且由于许多实际因素无法人为控制，因此实验结果可能有误差，不一定能推广。其具体形式有实验室实验、计算机模拟实验、心理实验和市场实验（试销、试用等）。

5. 设计调查问卷

微课：设计市场调查问卷

（1）把握调查问卷的基本结构。

1）问卷头。

问卷头一般包括问卷编号、问候语、填表说明等内容。

A. 问卷编号。

有些问卷需加编号，以便分类归档，或便于计算机处理。

B. 问候语。

凡需要被调查者自填的问卷，一般都有问候语，便于被调查者了解调查的目的和内容，进而消除其顾虑，争取他们的合作。

C. 填表说明。

填表说明是为了让被调查者知道如何填写问卷。这部分内容包括填表要求、调查项目、调查时间、注意事项、问卷返回方式等。填表说明一定要详细清楚，格式位置要醒目。

2）问卷体。

问卷体即正文部分。一般包括以下两部分内容：

A. 被调查者的基本情况。

主要包括被调查者姓名（有时可以不写）、性别、年龄（有时可以不写）、文化程度、职业、家庭人口、住址、联系电话等。

B. 调查问题。

这是调查问卷的主体部分，依据调查主题设计若干问题，要求被调查者回答，即把需要调查的内容明确化和具体化。

3）问卷脚。

一般包括调查人员姓名、调查日期。也可以对某些问题做附带说明，还可以再次向被调查者致谢。

（2）选择调查问卷的设计方法。

1）二项选择法。

调查问卷中只给出两个对立答案，如“是”与“否”，让被调查者从中选一。如：如果海尔的创新产品正在进行促销，您是否会优先考虑购买？

□会　□不会

优点是回答方便，观点明确，无中立意见，便于整理；缺点是不能表示程度上的差别。

2）多项选择法。

让被调查者从预先准备好的多种答案中选择其中一项或数项。如：您选择冰箱时一般购买什么档次的？

□低档　□中档　□高档

优点是可在一定程度上弥补二项选择法强制选择的不足，统计比较方便；缺点是被选择的答案多，不便于归类。

3）自由回答法。

调查问卷上没有事先拟定答案，不加任何限制，不受任何约束，让被调查者自由回答问题。如：您对海尔即将推出的冰箱有什么建议和期待？

优点是被调查者可尽情发表自己的意见，能较多地听取被调查者的建设性意见；缺点是被调查者自由回答，答案各不相同，给资料归纳带来困难。

4）顺位法。

由被调查者根据自己的认识，对所列答案定出先后顺序。如：您购买冰箱时，请依据自己对下列因素的重视程度由强到弱依次排序。

□价格 □品牌声誉 □容量 □节能 □产品款式 □低噪音

用此法调查，应注意所列项目数量不宜过多，一般不超过十个。

5）评定法。

让被调查者表示对某个问题的认识程度。如：请您根据对海尔服务的满意度，以5分为标准，给出评分。

□5＝非常好 □4＝较好 □3＝一般 □2＝较差 □1＝非常差

6）回想法。

主要用于调查消费者对商品的品牌、企业、广告等的印象，或测定广告宣传的记忆程度。如：请您说出您知道的家用电器品牌。

营销资料3-3

"大学生创办校园鲜花店"消费者调查问卷

尊敬的女士/先生：

您好！

我们在校园创办了一家鲜花店，为了了解您生活中对鲜花的需要，我们做了这份调查问卷。此问卷采取不记名的方式，只需占用您几分钟时间，非常感谢您的支持与配合。

关于您：

1. 您的性别：

◎男

◎女

2. 您的年龄：

◎20岁以下

◎21～30岁

◎31～40岁

◎41～50岁

3. 您的职业：

◎学生

◎教职工

◎公司员工

◎以家庭为主，未参加工作

关于校园鲜花店：

4. 您是如何关注到我们花店的？

◎传单

◎朋友介绍
◎微信朋友圈
◎外卖平台
◎其他（　　）
5. 您最能接受一束花的价格范围是多少钱?
◎50 元以内
◎50～100 元
◎100～300 元
◎300 元以上
6. 您更愿意在花店购买以下哪种商品?（可多选）
◎鲜花
◎仿真花
◎绿植
◎其他（　　）
7. 您会在哪种情况下考虑买花?（可多选）
◎情人节
◎亲友生日
◎特殊纪念日
◎商业应酬
◎提高生活情调
◎其他
8. 您是否希望在订购花束时也订购其他的礼品（如巧克力、蛋糕、工艺品等）?
◎希望
◎都可以
◎不希望
9. 您喜欢什么样的包装?
◎精装
◎个性包装
◎都可以
◎其他（　　）
10. 如果本店提供您自己 DIY 花束的服务，您是否愿意尝试?
◎愿意，更能表达自己的情意
◎不愿意，太麻烦
◎没想过
11. 您认为本地花店有哪些缺点?（可多选）
◎鲜花种类少
◎服务态度差
◎产品质量差
◎购买困难

◎价格高
◎包装不精美
◎没创意
◎其他（ ）
12. 您是否更喜欢网上订花？
◎是
◎否
◎不介意
13. 买花时，您最担心的问题是：
◎价格
◎花的新鲜程度
◎搭配与包装
◎服务态度
◎其他（ ）
14. 您希望花店能增加哪些特别服务（如纪念日提醒、生日提醒），或在哪些方面进行创新？

再次感谢您的配合。祝您生活甜蜜！万事如意！

调查员姓名：
调查时间： 年 月 日

资料来源：辽宁农业职业技术学院财务管理专业 18－1 班“企业经营实战”课程作业，2020.

（二）调研实施阶段

这一阶段的主要任务是根据调研方案，组织调查人员深入实际搜集资料。走访调查是获取第一手资料的有效方法，它主要包括以下工作步骤。

1. 寻找被调查者

用眼睛环顾四周，寻找可能会接受调查的目标对象。街头人群分为行走人群和留步人群。对留步人群，要找单独在一边休息或似乎在等人的对象上前询问；对行走人群，主要观察对方是否单行，步履缓急，手中是否提有过多物品，神色是否松弛等。

2. 上前询问，注意姿态

根据判断，路人可以作为被调查者时，就应积极上前询问，最好是缓步侧面迎上。在整个行走过程中，目光应对准被调查者。当决定开口时，应在被调查者右前方或左前方一步停下。

3. 开口询问，积极应对

第一句话很重要，要有准确的称呼、致歉词和目的说明。如“对不起，先生，能打扰您几分钟做一个调查吗？”。在询问过程中，要将良好的心态、亲切的笑容、流畅的语言表达协调地结合在一起。

对于问卷询问，被调查者可能会有不同反应：（1）不理睬你。说明他对街头拦截调查极度拒绝，向他致歉就可以结束了。（2）有礼貌地拒绝。应对对方的借口进行回应，如对方说没时间，可以应对说只需要一点点时间。最好能让其看看调查问卷，以调动他的兴趣。(3) 可能对方表现出一些兴趣，问你是什么调查。这时要把握住机会，向他介绍调查的内容，及时递上笔。只要对方接过，一般就能接受你的调查。(4) 对方一口答应接受调查，积极配合。这种情况较少见。

4. 随步询问，灵活处理

在询问行走人群时，让对方自动停下脚步是一个很好的切入点，说明对方对你有兴趣。如果对方不愿停下脚步，就需要我们跟随对方走几步，同时用话语力争引起对方的兴趣。不可直截了当地要求对方停下脚步。一般跟随 10 多米依然无法让对方停步，就应当停止。

5. 小心搜集被调查者信息

调查被调查者的姓名、年龄、住址、电话等基本信息内容时要小心处理，在调查中尊重他们的权利，不能强求。在调查开始时，先要诚实地将自己的真实身份、调研目的、了解他们的基本资料的原因告知被调查者。同时向他们告知我们的义务，询问他们是否愿意透露自己的信息。只要处理得当，一般情况下，被调查者都会愿意留下他们的信息资料。

6. 调查完成后的必要工作

(1) 当被调查者回答完所有问题后，应当浏览一遍，不要有所遗漏。

(2) 向被调查者表示感谢，与其告别。

(3) 当完成一次调查后，先不要把问卷取下。可以在展开新的调查时，当着被调查者的面将已用过的问卷取下，这样可以使被调查者更易于接受调查。

(4) 等到所有的问卷都完成后，需要整理问卷，然后交给负责人，以便形成有效的营销信息资料。在调查过程中应注意：切不可作假；不要将问卷损毁。

（三）调研总结阶段

1. 统计分析

实地调查结束后，即进入问卷整理和分析阶段。调查人员要对问卷进行逐份检查，剔除不合格的问卷，然后将合格问卷统一编号，以便于调查数据的统计。数据统计可利用如表 3-2 所示的表格完成；将调查数据输入计算机，经 Excel 软件运行后，即可获得已列成表格的大量统计数据，利用上述统计结果，就可以按照调查目的的要求，对调查内容进行全面的分析工作。

表 3-2 问卷统计表

序号	问题	选项	答案	选择人数	所占比例/%

2. 撰写市场营销调研报告

撰写市场营销调研报告是市场营销调研的最后一项工作内容，市场营销调研工作的成果将体现在最后的调研报告中，调研报告将提交给企业决策者，作为企业制定市场营销策略的依据。

（1）市场营销调研报告的格式要求。

市场营销调研报告没有统一的格式，一般由题目、目录、概要、正文、调查结果、结论和建议、附件等几部分组成。

1）题目。

题目应该醒目，一般应打印在封面上。题目包括以下三项内容：第一，该项调查的标题；第二，委托方和调查单位的名称、地址；第三，调研报告的日期。

2）目录。

如果调查报告的内容较多，为了方便读者阅读，应用目录列出调查报告的主要章节和附录部分。

3）概要。

概要部分是对本项调查的简明介绍，内容包括：第一，谁委托该项调查或要求进行该项调查。第二，该项调查的目的和范围。第三，调查对象和调查内容的简要介绍，包括调查时间、地点、对象及所要解答的问题。第四，采用的调查方法。例如，搜集资料用的是询问法还是观察法或实验法。另外，对资料分析中使用的方法，如指数平滑分析、回归分析等方法及选用方法的原因也要进行简要说明。第五，调查人员对该项调查的态度，以及对提供帮助的个人或机构表示感谢。

4）正文。

正文是市场营销调研报告的主要部分，包括以下几项内容：

第一，调查目的的详细陈述。在调查报告正文的开头，调查人员应当指出该项调查的目的和范围，以便阅读者一目了然，准确地理解调查报告所叙述的内容。

第二，资料搜集的具体过程。

第三，资料搜集的方法。调查人员应当详细地介绍他们在搜集资料时所采用的方法，还应当说明为什么要用这种方法及在技术上无法克服的问题。同时，附录内应有一份空白调查问卷。

第四，资料搜集的技术。例如，是采用抽样调查还是采用典型调查，如果采用抽样调查，应当详细地指出是如何选择样本的、样本数目及代表性。

5）调查结果。

调查人员必须花费大量的时间和精力来分析、解释调查资料，使用结构严谨和有效的方法得出调查结果。为了更有效、更形象地说明问题，调查人员通常采用表格和图形的形式，再加上一定的分析说明。例如，据调查，影响某种商品消费的因素有：消费者购买力因素，市场竞争情况，该商品的价格、质量及售后服务情况，销售网点的分布，等等。用图表的形式就能清晰地反映出该调查的结果，及每一种影响因素所占的百分比。

6）结论和建议。

调查结果的介绍是调查人员对所得资料的简明描述，结论才是调查人员在仔细研究和分析所有资料后得出的判断。做出结论和建议是撰写调查报告的主要目的。在建议中，调查人员应有明确的态度，选择实事求是的观点，以调查结果为基础，不能受感情或预感所支配，尽可能简洁、准确地进行说明，易于决策者理解。在阐述结论时应避免使用第一人称“我”。

7）附件。

附件是指调查报告正文包含不了或没有提及，但又与正文有关必须附加说明的部分，通常包括数据汇总表、原始资料、背景材料、空白的调查问卷、第二手资料来源的目录等。

（2）市场营销调研报告的内容。

1）市场状况分析。

A. 产品特点分析。

主要对企业进入某个市场的产品种类、品种及数量进行分析；对产品的功能、工艺进行分析；对产品寿命周期进行分析；对产品的季节性、地域性进行分析。

B. 市场规模分析。

市场规模是指整个目标市场的购买量，通常以市场销售总额和市场销售增长率表示。一般情况下，行业协会颁布和提供的是现期市场销售总额和现有市场销售增长率的信息资料。而预期的市场销售总额和市场销售增长率是由企业自己来预测分析的。

C. 市场供求分析。

分析供给情况，包括进入该产品市场的生产厂商的数量，主要生产厂商的市场份额、品牌影响力和产品的差异性；分析市场供求的整体布局，以及生产供给与市场需求是否匹配。

2）消费者购买分析。

A. 消费者构成分析。

分析哪些消费者对企业产品感兴趣，已经或计划购买该产品；分析这些购买者的职业、文化、性别、年龄和收入与市场购买量、企业占有率的内在关系。

B. 购买动机分析。

分析目标群体的购买动机，即消费者为什么购买、使用该产品，主要从心理动机角度展开，分析其对购买量的影响程度。

C. 购买特点分析。

分析消费者购买决策的参加者是哪些成员，以及各自的决策地位；分析目标顾客的购买习惯，如何时买，何地买，购买方式、频率及品牌，这是企业制定营销策略的依据。

D. 影响购买的信息渠道分析。

信息渠道主要有四类：广告渠道，如广告、销售员、批发商、包装物、商品展示等；社交渠道，如家庭成员、朋友、邻居、熟悉的人等；公共宣传渠道，如大众媒体、消费者评价组织等；个人体验渠道，如使用、试用和租用产品等。此外，还要了解每种渠道是如何影响购买决策的。

E. 产品使用感受分析。

分析目标消费群体对企业产品性能、功效、包装、服务是否满意，以及具体使用感受，从而为企业改进产品、改善服务提供依据。

3）竞争对手分析。

A. 谁是主要竞争对手分析。

除目标市场竞争者外，一些潜在的竞争者也可能威胁到企业生存，应分析出自己主要的竞争对手。主要竞争对手主要包括以下三种：一是同一目标市场的品牌竞争者；二是与自己营销实力相当的竞争者；三是对自己构成威胁的竞争者。

B. 竞争对手的营销资源和实力分析。

分析竞争对手的产品与自己产品的区别，其销售额、市场占有率、优势对本企业的威胁程度及采用的对策。

C. 竞争对手的目标市场分析。

分析竞争对手有哪些客户，消费者对竞争对手的产品、品牌、包装的评价；分析其市场定位与自己产品的异同，对自己是否有威胁。

D. 竞争对手的营销战略与策略分析。

分析竞争对手实施的是低成本战略、差异化战略，还是聚焦战略，以及对自己是否有威胁；分析竞争对手的产品、渠道、价格、促销策略及其实施效果，以及对自己是否有威胁。

4）宏观环境分析。

A. 人口环境分析。

人口环境及其变化对市场需求有着长久整体的影响，是开展营销的基本依据，也是宏观环境分析的重点。人口环境分析的主要内容有人口总数、人口结构、家庭状况等。

B. 经济环境分析。

市场规模的大小是由社会购买力决定的，影响购买力的经济环境因素主要有社会经济发展水平、消费者收入水平、消费结构、消费者储蓄和信贷。

C. 社会文化环境分析。

个人受教育程度、生活方式、风俗习惯、价值观念、审美观念不同，人们的消费习惯和购买特点也不同。要分析调查地区特定文化对人们消费习惯、购买行为的影响及对营销的影响。

D. 政治法律环境分析。

任何国家都要运用政治和法律手段对社会经济进行规范和干预。要分析调查地区主要影响消费者购买行为和企业营销的经济政策、法律法规等因素。

5）企业营销机会与对策分析。

A. 市场机会与市场威胁分析。

寻找市场机会，即企业开展营销活动的有利因素；找出市场威胁，即企业开展营销活动的不利因素。

B. 企业的比较优势和劣势分析。

比较市场竞争状况，从企业营销资源（人、财、物力资源），营销实力（产品销售量、销售增长率、市场占有率），产品功能、质量、款式、包装、价格、品牌形象等方面分析判断企业营销能力的优劣势。

企业营销机会是从市场机会与企业优势中获得的，企业要把市场机会和企业优势转化为营销机会。企业营销问题来自不利的市场因素和企业劣势，企业应及时采取有效对策，改善不利的市场环境，变被动为主动。

营销资料 3-4

创办校园鲜花店市场营销调研报告（节选）

近年来由于生活水平的不断提高和对生活质量的追求，鲜花已经是人们生活中不可缺少的点缀！花卉消费近些年来呈越来越旺的趋势，花卉除本身具有的赏心悦目、美化家居等功效外，还可以表达情感。

由于市场竞争激烈，加之新冠肺炎疫情的影响，对于在校大学生来说，今后的就业形势十分严峻。本学期市场营销课程也要求将营销理论应用到实践中，锻炼学生的实践能力和创新能力。我们小组同学想在校园内投资 2 万元，创办一家“校园鲜花店”。

针对我组开发项目，我们首先要对鲅鱼圈鲜花市场，即有可能影响“校园鲜花店”开办的营销环境进行一次全面的市场调研。本次调研时间为 2020 年 3 月 1 日至 2020 年 4 月 25 日。调研课题为：校园鲜花店的市场营销调研。我组成员通过上网及查阅一些报纸、书籍，搜集了大量的宏观、微观营销环境资料，在此基础上，设计了一份有关校园鲜花店消费者的调查问卷，并由每位组员在校内进行了抽样问卷调查，各自完成了 10 份市场调查问卷，共计 60 份。经过整理统计，获得了相关的调查数据，其中 95.53%的同学十分赞同我们开设校园鲜花店，这更坚定了我们的信心。但不足之处是问卷调查范围太小，仅仅是在校园内进行，没有走向社会。为此，我们在网络平台上将市场调查问卷发布在相关论坛，也收集到了一定的资料。根据上述资料，特撰写了本调研报告。

本报告的撰写分工为：“前言”由高宁负责，“校园鲜花店市场状况分析”由 A 同学负责，“校园鲜花店消费者分析”由 B 同学负责，“校园鲜花店竞争对手分析”由 C 同学负责，“影响校园鲜花店消费的宏观环境分析”由 D 同学负责，“创业机会与对策分析”由 E 同学负责，“结论”由高宁负责。

由于时间仓促，编者水平有限，报告中难免有不足之处，敬请指正，谢谢！

一、校园鲜花店市场状况分析

（一）校园鲜花店市场规模和趋势分析

我们的经营理念是物美价廉，精确定位、正确推广是我们需要努力的方向。鲜花购入一般分为个人购花和商务购花两部分，且商务购花已成为最大的消费主体，对这方面更应加大推广的力度。

（二）花卉产业状况分析

(1) 新生代花店涌现，花卉消费方式正在改变。首先，网络花店的数量正在急剧增加；其次，以大型超市为代表的现代销售模式花店开始出现，甚至在地铁口、加油站、银行、报刊亭、邮局等场所也有鲜花销售。

(2) 微利时代已到。现在，花店已从暴利时代走向微利时代。

(3) 管理不科学。管理是一个企业的生命线，而国内引入科学管理机制的花店并不多。国内花店多为规模小的夫妻店，老板综合素质不高，缺乏现代企业经营管理理念；员工综合素质低，人才供应渠道少，大多都是花店自己培养，人才难留。

(4) 扩张之路盲目。近几年，一些老牌花店完成原始积累后，面临着开连锁加盟店、拓宽已有的业务和投资其他领域等扩张之路的选择，但它们往往缺乏前期科学的调查研究，导致投资不理性，利润增长缓慢，有的甚至亏本。

（三）校园鲜花店发展空间预测

花店开在校园内，客源相对稳定，投资相对较少，几个简单的花筒、一张桌子几乎就是花店的全部固定资产了。优点在于消费者比较集中，商品的流通比较快，缺点在于商品数量多，易损耗。

二、校园鲜花店消费者分析

（一）需求特点分析

除国家规定的节假日外，学校本身有很多特别的活动，所以校内人员表达情意的机会很多，如毕业典礼、教师节、青年节、女生节、情人节、圣诞节、同学生日、恋人表白等。

（二）需求量分析

从数量上看，1 支、3 支、11 支、19 支、21 支的需求量较大。除平常的零售外，在有校园活动时和教师节主要是批量订购。

（三）需求要求分析

包装一般倾向于高档化，有向个性化方向发展的趋势，对鲜花质量的要求比较高。影响顾客购买花卉、盆栽花卉的因素按其重要性排序依次为：价格、个性化服务、品种、包装等。

三、校园鲜花店竞争对手分析

（一）鲅鱼圈鲜花店竞争对手分析

市面上现有的鲜花店大同小异，没有特色，而且距离学校太远，学生不会主动去那么远的地方买花。并且鲅鱼圈的花店多在年底为旺季，而那时候的学生大多已经回家了，更不会去买花。

（二）熊岳地区鲜花店竞争对手分析

最大的竞争对手就是我们学校的兰蕙园基地，它是营口市唯一一家专业栽培蝴蝶兰的大型生产示范基地，主要培育蝴蝶兰，一盆 300～500 元，学生一般消费不起。其次是熊岳当地的花卉店，但距离学校较远，买花不是很方便，而且遇到特殊节日，如果不提前预订，基本上买不到。

四、影响校园鲜花店消费的宏观环境分析

（一）人口状况分析

我国人口众多，花卉市场无疑是一个巨大的市场。人口的增长促进了花卉市场规模的扩大。我们的校园鲜花店位于学校里，因此目标消费者主要是本校师生及周边社区居民。最新的统计数据表明，我校在校大学生有 8 000 人左右，再加上周边小区居民，要是宣传力度足够，销售方式得当，我们的目标市场容量是相当可观的。

（二）经济状况分析

随着我国人民收入水平的提高，特别是大中城市中等收入阶层人数的增长，以及人们文化素质的提高和消费需求多元化趋势的出现，花卉消费群体也在不断扩大。不论是高经济收入者还是一般经济收入者都不会拒绝花，高收入者的花卉消费注重修身养性，培养恬静淡雅的心性，而一般收入者的花卉消费看中其平静心情、放松神经、减轻压力的作用，所以这给花卉市场带来了契机。在校生没有固定的收入，因而也没有固定的购买行为，往往随机选购，但由于受自身经济收入的影响，其购买行为又带有理性色彩，因此一般选择价位较低但浪漫色彩较浓的品种。

（三）文化状况分析

花是美的化身，也是美好幸福的象征，已成为世界共同的语言。然而，中国人对花的认识和情感不仅限于此，而是有更深刻的认识和更浓厚的情感。人们赏花，除欣赏其静态的外部形态美之外，还善于观察欣赏花动态的生命变化之趣。另外，中国人还认为花是有情之物，不仅娱人感官，更撩人情思，能寄以心曲。中国人对花的这种看法和情感是观花之后，由悟性而得来的一种艺术境界，对花产生了更深一层的情感和精神上的寄托。因此，中国人世世代代爱花赏花就是因为花能使人赏心悦目，能畅神达意，能陶冶情操。花中蕴含着文化，凝聚着中华民族的品德和气节。

文化对人的消费观念、消费行为的影响是长久而深远的。中国人对花有着浓厚的感情，因此花卉产业在中国必然有一个巨大的消费市场。

五、创业机会与对策分析

（一）大学生创业优势分析

（1）鲜花成本低，净利润较高。我们采取中低档价格策略，与同类花店相比价格有较大幅度的降低，从这一点上来说，有价格竞争优势。不论是什么节日，人们对鲜花都有较大需求，我们在校园及社区存在着营销优势、物流配送优势。

（2）销售采用一对一服务形式，保证提供优良的服务，让顾客买得舒心、买得放心。

（二）大学生创业劣势分析

（1）由于竞争对手的存在，我们不可能完全按照自己所设定的计划稳定地发展，一定会面临在竞争中求生存、求发展的境地。

（2）我们缺乏鲜花保鲜管理技术，可能会导致花店鲜花损耗大，使花店发展受限。

（3）随着人们整体生活水平的提高，对鲜花的要求也越来越高，传统意义上的花店已经不适应市场的需求。加上竞争加剧，顾客服务细致化，如果花店整体技术服务不够，就无法满足需求。

（三）创业机会分析

（1）投资较少，风险小，并且我们接受新鲜事物快，可以紧跟潮流，能够比较熟练地运用互联网，可以线下线上同时开展业务。

（2）鲜花既能扮靓居室，又能送予爱人或友人等，目前在市场上很受欢迎。

（3）目前鲜花业市场处于稳定状态，日益增长的消费量意味着市场潜力巨大，发展前景广阔，有良好的发展机遇。

（四）创业对策分析

（1）通过调查了解到，同学们都希望在花店能买到其他物品，如水果、情侣装、个性饰品等。我们决定在鲜花销售时搭配客人想要的物品，完美地满足同学们的要求。

（2）我们会提供合理的价格、配送、关于花语的查询等服务。

（3）我们会提供新颖独特的卡片，同时会提供布置场景的服务等。

六、结论

通过此次创办花店的调研活动，我们从搜集的资料中初步了解了消费者对花的需求状况，并对所搜集的大量信息进行了进一步的数据处理与分析，得到如下结论：

（1）消费者中总体喜欢花的人数较多，多集中于学生，并且购买的频率较高，价格一般为中等价位，说明花店市场可持续发展性强，发展空间仍很大。

(2) 消费者大多都注重花店的服务质量和价格，认为插花表演和折扣更能刺激消费。

(3) 消费者购买鲜花时大都亲自购买，且买花的时间集中在节日或特殊日期，所以花店的鲜花种类、宣传方式决定了是否能留住消费者。

(4) 消费者对于花店的送花及传达话语服务普遍呈接受态度，这也是对花店服务本身的一个考验。

(5) 鲜花市场是巨大的，要想更好地发展就要满足消费者需要，不断完善花店的服务，使每一个过客可以成为常客。

附件（略）

资料来源：辽宁农业职业技术学院财务管理专业 18－1 班“企业经营实战”课程作业，2020.

任务三　实战演练

实战演练 1　制订市场营销调研计划

【实训任务】

玉田公司欲开发生产蓝莓饮料。目前市面上销售的各种蓝莓饮料价格差异很大，成分各不相同。要求学生以玉田公司营销人员的身份为公司开发生产蓝莓饮料开展市场营销调研工作；根据调研目的及范围要求，为开发生产蓝莓饮料开展的市场营销调研活动制订一份市场营销调研计划。

【实训目标】

掌握制订市场营销调研计划的基本技能。了解市场营销调研所明确的调研项目、资料性质和资料来源；了解市场营销调研要求确定的调研对象、调研时间和调研地点；了解市场营销调研所运用的调研方法、调研工具。

【实训要求】

要求学生在教师指导下，以小组为单位完成本次市场营销调研计划的制订，可采用表格形式，便于操作和掌握。

【实训步骤】

(1) 教师事先做好任务布置，要求学生明确实训目标和要求。

(2) 学生按照调研计划的内容顺序制订市场营销调研计划。

(3) 教师点评。

实战演练 2　设计调查问卷

【实训任务】

根据调研目的和要求以及调研计划安排，设计一份市场调查问卷，收集公司市场营销调研的第一手资料。

【实训目标】

掌握设计调查问卷的基本技能。

【实训要求】

要求各小组根据调查问卷的设计要求，将调查内容设计为不少于10个调查问题的问卷，以准确获取调研所需的第一手资料。在此基础上，每个小组推荐一份较完整的问卷作为公司市场营销调研采用的问卷。

【实训步骤】

（1）教师对调查问卷的基本结构、设计程序、调查问题类型进行具体指导。

（2）学生根据调研课题涉及的消费者状况及问卷设计要求，完成不少于10个调查问题的设计任务。

（3）教师提供调查问卷设计的范例，供学生参考。

项目小结

1. 市场营销调研就是运用科学的方法，有目的、有计划、有系统地搜集、整理分析和研究有关市场营销方法的信息，并提出研究报告，以便帮助管理人员了解营销环境，及时发现问题与机会，为市场预测和营销决策提供依据的系统活动过程。

2. 按照资料的来源，可以将市场营销调研的方法分为文案调查法和实地调查法。实地调查法又包括观察法、询问法和实验法三种。

3. 调查问卷是实地调查的重要工具，其基本结构为：问卷头、问卷体、问卷脚；调查问卷的设计方法包括：二项选择法、多项选择法、自由回答法、顺位法、评定法、回想法。

4. 市场营销调研的成果体现在市场营销调研报告中，它是企业制定市场营销策略的依据。

职业能力测试

职业能力测试答案

一、多选题

1. 调查问卷问题的设计方法有（　　）。

A. 二项选择法　　B. 多项选择法

C. 自由回答法　　D. 回想法

2. 营销信息系统主要由（　　）、营销情报、（　　）和营销决策支持四个子系统组成。

A. 内部记录　　B. 营销调研

C. 机器　　D. 程序

3. 市场营销调研准备阶段应做好哪些工作？（　　）

A. 提出调研问题　　B. 分析问题
C. 制定调研方案　　D. 选择调研方法
4. 实地调查法包括以下哪些方法？（　　）
A. 文案调查法　　B. 询问法
C. 实验法　　D. 观察法

二、判断题

1. 调查问卷的基本结构由问卷头、问卷体、问卷脚三部分组成。（　　）

2. 市场营销调研报告没有统一的格式，一般由题目、目录、概要、正文、调查结果、结论和建议、附件等几部分组成。（　　）

三、简答题

1. 走访调查主要包括哪些步骤？
2. 市场营销调研报告包括哪些内容？

四、案例分析题

着眼用户体验，“场景智慧”赋能智慧电梯

海尔的“海纳云梯联网生态”打造了适合不同用户的N多体验场景生态，不同用户的痛点需求均可在海尔海纳云梯联网生态平台上找到相应的场景解决方案，并可定制化产品场景解决方案。“安全卫士”和“智慧电梯出行”是海纳云梯联网生态的两大特色场景。“安全卫士”以海纳云梯联网生态设计的“电梯黑匣子”技术为核心，不但能实时监测电梯运行状态，还能预警电梯运行异常，提前发现，提前解决，防患于未然，最大限度地保护乘客的安全，大幅降低故障率；它结合智慧电梯云平台和App，更可以实现维保管理、故障派单、困人救援等场景的处置跟踪和查询；同时，该场景融合了AI行为识别技术，集成乘客跌倒监测、物品遗留、乘梯人数统计、电动车识别等多种AI算法，结合电梯智慧屏进行展现，给乘客更加安全、美好的乘梯体验。

资料来源：海纳云物联平台．海尔·海纳云发布“梯联网生态”，让电梯更智慧更安全．（2020-04-17）[2020-06-30]．https://www.qingdaonews.com/content/2020-04/17/content_21592423.htm.

思考：为什么海尔集团能紧跟消费需求前沿？

项目四

选择目标市场

职业知识

1. 掌握市场细分的标准和方法；
2. 掌握可供企业选择的目标市场营销策略。

职业能力

1. 具备运用正确的方法对市场进行细分的能力；
2. 具备运用目标市场营销策略开展营销活动的能力。

任务一　进行市场细分

任务导入

华为的海外市场细分战略赢得成功

华为的交换、传输、无线和数据通信类电信产品及为客户提供的网络设备、服务和解决方案已应用于全球140多个国家，服务于全球运营商50强中的45家及全球1/3的人口。2019年华为营业收入8 500亿元，其中，智能手机出货量保持全球前二，达2.4亿台；笔记本、可穿戴设备、无线耳机也均呈现三位数增长。

华为在进入国际市场时，根据地理状况和经济发展状况，将市场分为俄罗斯市场、拉美市场、非洲市场、欧美市场。在综合考虑企业资源条件、产品市场性质后，将俄罗斯和拉美作为首选目标市场，制定一套营销方案，集中力量争取在这些目标市场上占有较高份额。同时，华为的市场定位是“业界最佳设备供应商”。华为在市场细分的基础上，实施产品差异化策略，满足了世界不同市场顾客的个性化需求。

任务分析

做好市场细分是选择目标市场的前提和基础。这个案例说明，只有充分进行市场细分才能找准目标市场，从而达到最好的营销效果。那么，市场细分的标准是什么，方法又有哪些呢？

知识对接

一、选择市场细分标准

企业根据消费者间需求的差异性，将动态的整体市场划分为两个或更多的消费者群，每个消费者群构成一个细分市场，这个过程就叫作市场细分。

市场细分是建立在市场需求差异性基础上的，因此形成需求差异性的因素都可以作为市场细分的标准（或称为市场细分变量）。市场细分变量是指那些反映需求内在差异，同时能作为市场细分依据的可变因素，正是由于这些因素的差异，消费者的消费行为才呈现出多样化的特点。

消费品市场的细分标准可以概括为地理因素、人口因素、心理因素和行为因素四个方面，每个方面又包括一系列的细分变量。

（一）地理因素细分

消费者由于所处地理位置和环境的不同，会形成不同的消费需求、消费习惯和偏好，因此地理因素细分是常用的市场细分方法。例如，在饮食习惯上全国各地有明显的差异，因此在餐饮市场上，粤菜馆、湘菜馆、川菜馆、东北菜馆等各具地方特色的餐馆争奇斗艳。地理因素具体的细分变量有：国别、地区、城市规模、人口密度、气候等。但是地理因素是一种静态因素，处于同一地理位置的消费者仍然会存在较大的需求差异，因此，企业在进行市场细分时，还必须进一步考虑其他因素。

（二）人口因素细分

人口因素细分对于企业识别潜在消费者尤为重要，是市场细分最常用的细分依据。人口因素主要的细分变量有年龄、性别、收入、职业、教育程度、家庭结构、种族、宗教信仰等，这些因素比较容易获得和衡量，而且消费者的需求又与此有密切的关系。如收入是影响消费者对住房、家具、汽车、服装等产品需求的重要因素。

（三）心理因素细分

在上述地理因素、人口因素方面具有相同或相近特征的消费者，可能仍会表现出极大的需求差别，其原因主要在于消费者心理因素的影响。心理因素的细分变量主要有消费者的生活方式、性格和社会阶层。生活方式指消费者对待生活、工作、娱乐的态度和行为，据此可将消费者划分为享乐主义者、实用主义者、紧跟潮流者、因循守旧者等不同类型。在性格方面，消费者通常会选购一些能表现自己性格的款式或色彩。根据性格的差异，可以将消费者分为独立、保守、外向、内向、支配、服从等类型。此外，消费者还会根据自己的背景，将自己主观地融入某一社会阶层，同时在消费和购买产品时也会表现出该阶层的特征。

（四）行为因素细分

行为因素主要指消费者在购买过程中对产品的认知、态度、使用等行为特点，主要的细分变量有寻求利益、使用率、消费时机、使用者状况等。

1. 按寻求利益细分

寻求利益指消费者对所购买的产品能带给自己的好处有不同的要求。例如，购车时，消费者可能会有以下要求：款式好、安全、省油、耐用等。因此，经营者应了解消费者在购买某种产品时所重视的主要利益是什么、消费者还有哪些利益没有得到满足，进而使自己的产品突出这些利益要求，就可以更好地吸引消费者。

2. 按使用率细分

使用率反映的是消费者使用量的多少。根据消费者使用量的不同，可将消费者分为少量使用者、中量使用者、大量使用者。例如，啤酒厂大多选择大量使用者作为自己的目标顾客，它们需要研究这些顾客的特征，制定出相应的营销策略。

3. 按消费时机细分

消费时机是指顾客需求和消费产品的时间特性，如对旅游的需求一般在公共假期和寒暑假处于高峰。例如，"白加黑"感冒片，因为能够"白天吃白片不瞌睡，晚上吃黑片睡得香"，而比其他感冒药品更受上班一族的欢迎。

4. 按使用者状况细分

许多产品都可以按照消费者对产品的使用情况进行如下分类：未曾使用者、曾经使用者、潜在使用者、初次使用者、经常使用者。

营销资料 4-1

火锅市场大剖析

2018 年，火锅餐饮行业持续火热，全国火锅业实现总收入 8 757 亿元，占餐饮市场份额的比重达到 20.5%，较 2017 年提升了 6.8 个百分点，位居细分类别第一。那么，现阶段火锅市场有哪些特点，未来又将如何发展呢？

火锅市场大剖析

二、掌握市场细分方法

企业在进行市场细分时必须注意以下问题：第一，市场细分的标准和变量不是一成不变的。影响市场和消费者的因素是可变的，如经济政策、经济水平、人口规模等，所以市场细分也需因势而变。第二，不同企业市场细分要采用不同标准。因为企业在技术水平、可控资源、营销策略等方面存在差异，所以市场细分时所采用的标准也应有所区别。第三，市场细分时，可采用单一或组合标准。选择市场细分标准时，既可以采用一种标准，也可以采用多个标准的组合，各标准之间存在一定的联系。

根据市场细分时使用的细分标准的多少，可将市场细分方法分为以下三种。

（一）单一因素法

单一因素法是指根据影响消费需求的某一因素进行市场细分的方法。在某一市场中，当只有一种要素或细分标准起决定性的影响作用时，即可采用这一方法对市场进行细分。例如，对儿童玩具市场进行市场细分时，可以以儿童的年龄为单一因素进行划分，把市场分为：婴儿期、幼儿期、学龄前期、学龄期等市场。

（二）系列因素法

系列因素法是指企业选择多个细分依据，由粗到细，逐步进行市场细分的方法。例如，对服装市场可以选取性别、年龄、收入、追求利益四个因素进行细分，如图 4-1 所示。

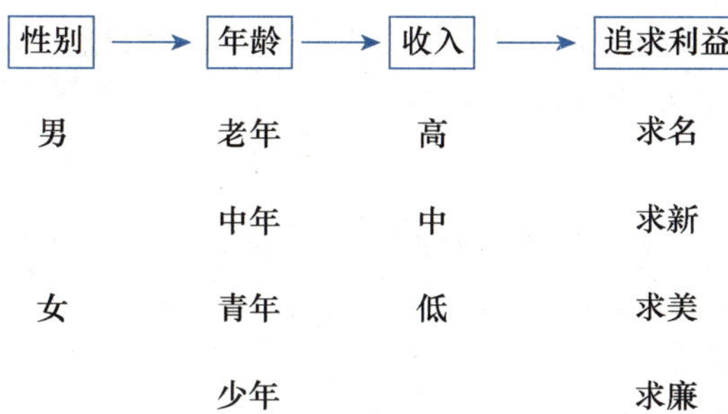

图 4-1 采用系列因素法进行市场细分

将不同因素进行不同的组合，就可以得到不同的细分市场，该例全部细分市场的数目是：2×4×3×4=96 个。当然其中有些细分市场可能是没有实际意义的，因此还需进行进一步的分析、筛选。

（三）综合因素法

综合因素法是指选择两个或三个细分依据进行市场细分的方法，可以借助二维或三维坐标图，直观地显示细分市场的状况。例如，以收入、年龄来细分某一市场，则可得到如下细分市场，即每一格可代表一个子市场，共有 3×4=12 个，如图 4-2 所示。

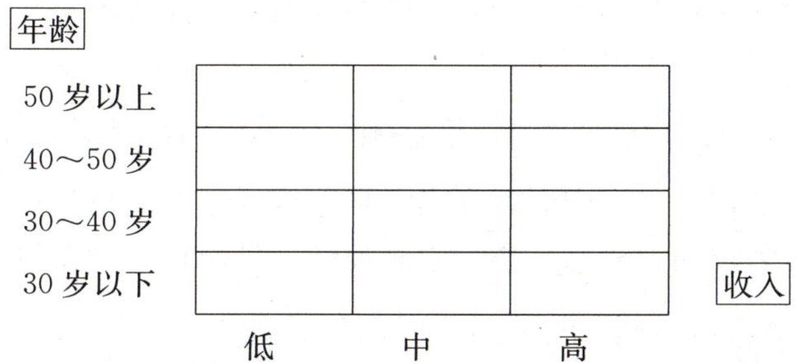

图 4-2 采用综合因素法进行市场细分

三、清楚市场细分原则

（一）差异性

差异性指细分市场在观念上能被区别并对不同的营销组合因素和方案有不同的反应。在商品的整体市场中，确实存在着购买与消费上的明显差异性，足以成为细分依据。

（二）可衡量性

可衡量性指细分市场的规模及购买力可衡量程度的高低，即细分出来的市场不仅范围比较清晰，而且能大致判断市场的大小。

（三）可进入性

可进入性指对于企业拟作为自己目标市场的那些细分市场，企业必须有能力进入，能够为之服务，并能占有一定的份额。

（四）收益性

收益性指企业在细分市场上要能够获取期望的盈利。如果容量太小，销售量有限，则这样的细分市场对企业就缺乏吸引力。因此，市场细分并不是越细越好，而应科学归类，保持足够容量，使企业有利可图。

（五）稳定性

稳定性指细分市场必须具有一定的稳定性。如果变化太快，企业还未实施其营销方案，目标市场就早已发生变化，那么这样的市场细分同样是失败的。

四、把握市场细分步骤

（一）正确选择市场范围

企业要根据自身的经营条件和经营能力确定进入市场的范围，如进入什么行业、生产什么产品、提供什么服务，这是市场细分的基础。为此，企业也必须开展深入细致的调查研究，分析消费者需求的动向，做出相应的决策。企业应该综合考虑自身的规模和实力来选择市场范围，不宜过大也不要太窄。

（二）列出市场范围内所有潜在顾客的需求情况

根据细分标准，尽可能全面地列出潜在顾客的基本需求，作为以后深入研究的基本资料和依据。根据需求的差异性，决定实施何种变量组合，为市场细分提供可靠的依据。

（三）分析潜在顾客的不同需求，初步划分市场

企业根据所列出的各种需求，通过抽样调查，进一步搜集有关市场信息与顾客背景资料，然后初步划分出一些差异最大的细分市场，辅之以经营者的经验做出估计和判断，进行初步的市场细分，至少从中选出三个细分市场。

（四）筛选

企业应该分析哪些需求因素是重要的，并与企业的实际条件进行比较，然后剔除那些无关紧要的因素以及一些企业没有条件开发的因素。最后，筛选出能够发挥企业优势的细分市场。

（五）为细分市场定名

为便于操作，可结合各细分市场上顾客的特点，用形象化、直观化的方法为细分市场确定名称，如将旅游市场分为舒适型、好奇型、冒险型、享受型、经常外出型等。

（六）复核

在市场细分过程中，企业还要进行营销机会的分析，主要分析整体市场和每个子市场的竞争状况，以及整体市场和每个子市场的营销组合方案，并根据市场研究对需求潜力的估计，预测整体市场或每个子市场的营销收入和费用情况，以估计潜在的利润，作为最后确定目标市场和制定营销策略的依据。

（七）决定细分市场规模，选定目标市场

企业要根据市场细分的结果来确定营销策略，在各子市场中选择与本企业经营优势和特色相一致的子市场，作为目标市场。这里，有可能出现两种情况，一是分析细分市场之后发现市场情况不理想，企业可能放弃这一市场；二是认为细分市场营销机会多，对需求和潜在利润感到满意，大力开发这一市场。

经过以上七个步骤，企业便完成了市场细分的工作，之后就可以根据自身的实际情况确定目标市场，并采取相应的目标市场策略。

任务二　确定目标市场

任务导入

董明珠：喊困难没有用，格力电器复工加速转产口罩、测温仪

2020 年 2 月 25 日，南都记者从“董明珠自媒体”公众号获悉，近日格力电器调整生产线，侧重生产与防疫有关的产品，目前格力口罩正在试制中，大约可日产百万个。此外，格力仅仅用 10 天时间就开发出测温仪的模具，目前日产 2 万～3 万台。格力表示：公司将争分夺秒、全力以赴，做好防疫物资生产研发工作，全力投入疫情防控攻坚战。后期生产的物资将进一步供应给医用人员。

格力电器斥资 2 000 万元于 2020 年 2 月 18 日成立医疗科技公司——珠海格健医疗科技有限公司，经营范围包括Ⅱ类医护人员防护用品、紫外线消毒设备、生理参数分析测量设备、手术室感染控制用品的设计、制造和销售。除格力电器主体外，格力电器股东格力集团旗下不少公司近日也开始涉足防护用品生产。

资料来源：南方都市报．董明珠：喊困难没有用，格力电器复工加速转产口罩、测温仪．（2020-

02-25)[2020-07-05]. https://tech.ifeng.com/c/7uMHtLGm93C.

任务分析

董明珠表示:"国家需要的就是我们要做的,喊困难没有用的,必须有大局意识,要看到生产正在逐步恢复。"格力集团这次目标市场的选择面向的是全中国人民,体现的是无比崇高的爱国情怀。那么,企业应如何选择目标市场,又如何在目标市场上开展营销活动呢?

知识对接

目标市场,指的是企业基于市场细分,在充分了解与掌握市场潜量、自身特征与竞争对手情况的基础上选定的特定市场。市场细分的目的就是选择目标市场,只有目标市场得以确定,企业才能集中资源,充分发挥自身优势,获取好的经济效益。所以,目标市场的选择不仅是企业制定营销策略的基础,而且是企业开展经营活动的前提,潜移默化地影响着企业的发展。

一、目标市场应具备的条件

(一)有足够的销售量

有足够的销售量,即一定要有尚未满足的现实需求与潜在需求。理想的目标市场应该具有可观的潜在需求量和相应的购买力,其销售规模能使企业有利可图。如果市场规模过小或趋于萎缩,贸然进入是不可取的。

(二)企业必须有能力满足目标市场的需求

在整体市场中,有利可图的细分市场有许多,但不一定都能成为企业的目标市场。以企业的人力、物力、财力和经营管理水平,有条件较好地满足目标顾客的需要,能立足于某个市场并求得发展,才可将其选定为自己的目标市场。

(三)要有一定的竞争能力和优势,或市场竞争不激烈

竞争优势可以表现为:没有或很少有竞争;市场未被强手控制,有竞争但不激烈;有足够的实力可以击败竞争对手。

二、选择目标市场营销策略

(一)目标市场营销策略

1. 无差异性目标市场营销策略

无差异性目标市场营销策略,即企业只推出一种产品,运用一种市场营销组合,试图在整个市场上吸引尽可能多的消费者的一种求同存异的营销策略。企业把整体市场看作一个大的目标市场,不进行细分,用一种产品、统一的市场营销组合对待整体市场。实行无差异策略的另一种思想是:企业经过市场调查之后,认为某些特定产品的消费者需求大致

相同或差异较少，比如食盐，因此可以采用大致相同的市场营销策略。

优点：(1) 品种单一，有利于大规模生产和实现规模经济效益，节约成本，在价格上有竞争地位。(2) 易于形成垄断性的名牌产品的声誉和地位。

缺点：(1) 不能满足市场需求的差异性。忽视市场需求的差异性，顾客的满意度低。(2) 可能出现“多数的谬误”，风险较大。即使一时能赢得某一市场，如果竞争企业都如此仿效，也会造成市场上某个局部竞争非常激烈，而其他部分的需求却没有得到满足。例如，20 世纪 70 年代以前，美国三大汽车公司都坚信美国人喜欢大型豪华的小汽车，共同追求这一大的目标市场，采用无差异性市场营销策略。20 世纪 70 年代能源危机发生之后，消费需求发生了变化，消费者越来越喜欢小型、轻便、省油的小型轿车，而美国三大汽车公司都没有意识到这种变化，更没有适当地调整它们的无差异性市场营销策略，致使大轿车市场竞争“白热化”，而小型轿车市场却被忽略。日本汽车公司正是在这种情况下乘虚而入的。

2. 差异性目标市场营销策略

差异性目标市场营销策略，即企业把整个市场划分为若干细分市场，从中选择两个以上的细分市场作为自己的目标市场，并有针对性地进行营销组合以适应不同的需要，凭借产品与市场差异化，获取最大的销售量。例如，可口可乐公司现已采用各种大小不同的瓶装，加上罐装，推销网遍及世界各地。在工业品营销活动中，差异性市场营销策略应用越来越广泛，生产者越来越倾向于接受不同买主、不同规格的订货。

优点：(1) 能够满足不同的市场需求，市场覆盖面宽，有利于提升市场竞争力；(2) 有利于取得连带优势，树立企业形象；(3) 有利于抓住更多的市场机会，分散市场风险。

缺点：(1) 影响经营成本与规模效益；(2) 影响优势发挥。

3. 集中性目标市场营销策略

集中性目标市场营销策略，即企业集中所有力量来满足一个或少量几个细分市场的需求。如我国夕阳红旅行社专营老年产品等。企业面对若干细分市场，无不希望尽量网罗市场的大部分甚至全部。但如果企业资源有限，过高的希望将成为不切实际的空想。明智的企业家会集中全力争取一个或少数几个细分市场，而不再将有限的人力、财力、物力分散于所有的市场。在部分市场若能拥有较高的占有率，远胜于在所有市场都获得微不足道的份额。在一个或几个细分市场占据优势地位，不但可以节省市场营销费用，增加盈利，而且可以提高企业与产品的知名度，并可迅速扩大市场。

优点：(1) 经营范围针对性强；(2) 单一化，成本相对较低；(3) 企业可集中使用有限资源在特定市场中形成竞争优势。

缺点：(1) 经营风险大；(2) 竞争者极易追随而入，竞争激烈。

(二) 选择目标市场营销策略时考虑的因素

1. 企业的资源

企业的资源主要指企业资金、技术设备、职业素质、竞争能力、管理水平等。若企业资源充足，供应能力强，就可采用差异性市场营销策略和无差异性市场营销策略；若企业资源不足，最好采用集中性市场营销

微课：选择目标市场考虑因素

策略。

2. 产品特点

有些同质性产品，如钢铁、大米、食盐等差异性较小，竞争主要集中在价格上，比较适合采用无差异性市场营销策略；而一些差异性较大的产品，如汽车、照相机、服装等，就适合采用差异性市场营销策略或集中性市场营销策略。

营销资料 4-2

本土啤酒品牌布局"超高端"市场

2020 年 7 月 31 日，青岛啤酒"百年之旅　大师珍酿"百年艺术酿造新品发布会在青岛举行。发布会现场，青岛啤酒发布了"百年之旅""琥珀拉格"等系列艺术酿造新品。青岛啤酒"百年之旅"新品问世，被业界视作青岛啤酒呼应高端化、场景化消费升级的标志性之举。

记者在发布会现场看到，新品"百年之旅"的瓶身之上，两匹骏马拉着一辆载满啤酒桶的马车正奋蹄向前。青岛啤酒股份有限公司制造副总裁董建军在接受采访时说，马车寓意古典与奋进，青岛啤酒作为一家百年企业，不沉溺于既往业绩，而是着眼未来，不断向前"闯"。董建军透露，"百年之旅"的推出是青啤"闯"入超高端啤酒市场的开端，未来还会推出相关产品，现在已有相关的计划和创意。

青岛啤酒"百年之旅"是青啤用百年匠心铸就的一张重磅名片，引领了中国啤酒行业的超高端产品发展。何勇认为，消费升级所带来的消费结构转型持续引导啤酒市场结构和产品结构的转变，啤酒消费正在从价格到品质、从大众化到个性化、从社交分享到个人享受、从豪饮到自酌等多层面发生转变。在生活品质不断升级的今天，品质尖货的"悦己型"消费盛行，新、奇、特、稀成为啤酒产品的未来标签。

青岛啤酒的高端化路线也颇受投资者关注。有投资者曾在投资互动平台建议青岛啤酒长期向高端产品发力，而青岛啤酒回应称，近年来，公司以中国啤酒市场的高端化、多元化、特色化消费升级需求为导向，积极推进优化产品结构升级，开发及酿造具有"基础质量+特色质量+魅力质量"的差异化产品，加快向以听装酒和精酿产品为代表的高附加值产品转型升级。

资料来源：郑明珠. 本土啤酒品牌高端化提速，青岛啤酒布局"超高端"市场. (2020-08-03)[2021-2-18]. http://www.bjnews.com.cn/feature/2020/08/03/754638.html.

3. 市场特点

如果消费者的需要和偏好接近，购买量和方式大体相同，就可以采用无差异性市场营销策略；反之，则适宜采用差异性市场营销策略或集中性市场营销策略。

4. 产品生命周期

产品处于生命周期的不同阶段，应采用不同的市场营销策略。在投入期，市场产品少，竞争者也少，可采用无差异性市场营销策略或集中性市场营销策略。在成长期和成熟期，进入市场的产品增多，竞争者亦趋增多，应采用差异性市场营销策略。进入衰退期，为保持原有市场，延长产品生命周期，则应以集中性市场营销策略为主。

5. 竞争状况

(1) 竞争对手的数量。

当竞争者较少时，可采用无差异性市场营销策略；当竞争者较多时，应选择差异性市场营销策略或集中性市场营销策略。

(2) 竞争对手的实力。

若本企业与竞争对手实力相当，则以避免直接冲突为原则选择策略，以免造成不必要的损失；若本企业力量很弱，无论对手采用何种策略，都以采用集中性市场营销策略为宜。

实战范例 4-1

格力空调的市场细分、目标市场选择与市场定位

一、市场细分

1. 根据购买规模的大小、是否长期合作等，将目标消费群体分为：开发商为主的商用市场；个人、机关为主的商用市场；开发商为主的高级住宅市场；个人为主的高级住宅市场。

2. 根据目标消费者购买空调后的放置位置将其细分为：

(1) 客房卧室用：这类空调讲究形体小巧，功能重在超静舒适，能够控制噪声，让人休息得安逸舒适。

(2) 办公室、会客厅用：其中柜式空调是目前高端商务空调市场潜力最大、利润最丰厚的一类，是空调细分市场最大的金矿。

(3) 厨房用：克服了油烟多、温度高等因素的影响，突破与创新了空调外观结构、运行系统及功能设计，使其能够除油烟、强制冷及易安装。

3. 根据空调的主打功能将其细分为：超低噪声、睡眠控制功能类；独立换气、健康杀菌类；制冷制热强劲、功能简化类；高效节能、绿色环保类。

二、目标市场选择

着眼于中高端市场，生产高效能、多功能、人性化的空调；长期目标是维持良好的品牌形象，同时以空调的产品形象带动其他的产品，并保证在年终消除库存压力，为新型产品开拓强有力的市场力量。

三、市场定位

格力既不是国内最早生产空调的企业，最初也没有在技术上领先，甚至企业的地理位置也没有处于空调市场中心，但是格力空调成功地把握住了海尔等领先者实行多元化产品策略的机会，反其道而行之，专注于空调领域。由于格力一直致力于空调研究和宣传，在顾客心中逐渐建立起“空调专家”的认知，从而分解了海尔等众多原本处于领先地位的多元化品牌的市场。

格力空调根据竞争对手在现有产品市场上所处的位置，针对顾客对这些空调某些特征或者属性的重视程度，为自己塑造出与众不同的鲜明形象，并将这种形象生动地传递给顾客，从而使其产品在市场上占有了适当的位置。格力空调将产品定位于高科技、多功能，并花费大笔资金致力于新产品的开发，这就决定了格力的高端品牌定位。格力空调在成长进步中，一直坚持自主品牌为主的发展战略和高品质产品、优质服务的市场定位，受到了广大消费群体的喜爱。

任务三　实战演练

实战演练 1　制订市场细分计划

【实训任务】

2020 年 8 月，娃哈哈旗下饮料品牌 Kellyone 上新了三款名为“生气啵啵”的气泡水，口味分别是：青梅、白桃、西瓜。“新式国潮气泡水”主打 0 糖 0 脂 0 卡概念，同时它还添加了水溶性膳食纤维聚葡萄糖，有助于维持正常肠道功能。显然，娃哈哈“生气啵啵”瞄准的是那部分有减脂需求、想喝饮料又怕长胖的消费群体。

“生气啵啵”气泡水想要进入辽宁省市场，请同学们按照市场细分标准考虑并讨论，娃哈哈公司应该如何对辽宁省市场进行市场细分。

【实训目标】

认识市场细分在目标市场选择中的重要作用，并能够熟练地掌握市场细分的标准与方法。

【实训要求】

要求学生在教师的指导下，以小组为单位独立完成市场细分计划。

【实训步骤】

（1）教师事先做好任务布置，要求学生明确实训目标和要求。

（2）学生按照市场细分的方法来制订娃哈哈公司对辽宁省市场的细分计划。

（3）教师点评。

实战演练 2　选择目标市场

【实训任务】

根据实战演练 1 的市场细分计划，确定“生气啵啵”气泡水进入辽宁省的目标市场。

【实训目标】

学会如何选择目标市场。

【实训要求】

要求学生在教师的指导下，以小组为单位能够独立完成目标市场的选择。

【实训步骤】

（1）教师事先做好任务布置，要求学生明确实训目标和要求。

（2）学生按照选择目标市场应该考虑的要素与方法，完成目标市场的选择。

（3）教师点评。

项目小结

1. 通过市场细分发现商机、开拓新市场，这是企业在目前竞争日趋激烈、产品十分丰富、消费多元化的市场环境中获得发展的有效途径。因此，掌握市场细分的标准以及方法显得尤为重要。

2. 通过市场细分，锁定目标市场，生产适销产品，获得高额利润，这是个环环相扣的过程。

3. 获得高额利润是企业选择目标市场的终极目标，因此目标市场的选择是决定营销是否成功的重要因素。

职业技能测试

职业技能测试答案

一、多选题

1. 市场细分的常用方法有（　　）。

A. 单一因素法　　B. 综合因素法

C. 系列因素法　　D. 多元因素法

2. 下列属于目标市场营销策略的是（　　）。

A. 无差异性目标市场营销策略

B. 差异性目标市场营销策略

C. 专门化目标市场营销策略

D. 集中性目标市场营销策略

二、判断题

1. 市场细分的步骤共计五步：正确选择市场范围、列出市场范围内所有潜在顾客的需求情况、为细分市场定名、决定细分市场规模、选定目标市场。（　　）

2. 企业选择目标市场营销策略考虑的因素主要有企业的资源、产品特点、市场特点、产品生命周期和竞争状况五类。（　　）

三、简答题

1. 消费品市场的细分标准有哪些？

2. 企业选择的目标市场应具备哪些条件？

四、案例分析题

京东国际春节不打烊 汇聚全球好物让你的年货更新潮

2021 年的春节有些特殊，很多人选择就地过年当个“原年人”（指原地过年的人），也有很多人已经约好了好友打算“拼单”过年。无论是给家乡的亲友传递心意，还是与身边的好友“拼单”过年，一份精心准备的年礼必不可少。

远在家乡的父母，如何提醒他们注意身体？送子女的礼物，如何既能让他们开心，又能帮助他们健康成长？和朋友一起跨年，该准备什么样的年礼？如果你正有这样的烦恼，不用愁！京东国际早已为你备好了全球大牌爆款年货，不仅可以让你的年礼与众不同，更能让你的心意随时随地顺畅送达。

如何给父母挑选一份健康好礼？京东进口超市会是你不错的选择，不仅爆款众多、天天低价，更可提供211限时达服务，让你在家也能快速购物。京东进口超市汇聚美食、个护、居家、滋补、美妆等全品类进口好物。在众多进口大牌爆款年礼中，有一些保健品，是给长辈送礼的好选择。

当然，春节不仅要给亲友、子女送年礼，作为“原年人”的你，是否给自己备好了年货？“宅家”七天乐，进口美食、洗护日用、大牌美妆、时尚奢品、居家用品，京东国际都已经给你安排好了，让你不出家门也能尽享全球各地的特色好物。更有明星达人店，给你带来明星同款年货。

不管是孝敬父母、赠送亲友，或是自己居家休闲，与好友相约，京东国际春节不打烊，承包你的春节全场景需求。

思考：案例中京东公司采取“京东国际春节不打烊”活动，为什么能取得很好的营销业绩？

项目五

市场营销组合策略运用

职业知识

1. 掌握产品整体概念、产品市场生命周期、产品的品牌和包装策略；

2. 掌握企业常用定价方法和定价策略；

3. 了解分销渠道、中间商的类型，掌握分销渠道的设计和管理；

4. 掌握推销人员应具备的素质以及广告、公共关系和营业推广促销的方式。

职业能力

1. 能够运用产品整体概念设计产品，根据产品所处的市场生命周期制定相应策略，能够制定产品的品牌和包装策略；

2. 能够灵活应用产品定价策略为企业产品制定出合理的价格，促进企业整体营销工作的开展；

3. 会为企业设计合理的分销渠道；

4. 会运用促销组合做好市场宣传工作。

任务一　制定产品策略

任务导入

小米 11“轻装上阵”取消随机附送充电器

2020 年 12 月 26 日，小米公司创始人兼董事长雷军在微博发文表示，为了响应科技环保的号召，小米 11 全新包装中将取消随机附赠充电器。因为许多人家中都有闲置充电器，已经形成了个人的困扰和环境的负担，小米也在积极探索行业惯例和环保之间更好的解决方案。

这一消息发布后，立刻引发了网友热议，绝大多数网友都对此表达了反对意见，接近2万条评论，主流声音都是对小米的责怪。面对质疑，为了满足消费者的需求，小米在随后的小米11发布会上，同时推出环保版的小米11和附赠充电器的小米11标准套装，两个版本的定价都为3 999元，并表示将选择权交给消费者，由消费者自行决定是否支持环保。

2021年1月1日，小米11首发上市5分钟就获得了15亿元销售额，其中环保版销售了2万台，雷军特意对支持环保的用户表示了感谢。

任务分析

小米取消随机附送充电器为什么引起消费者的反对？如何理解产品的整体概念？

知识对接

一、认知产品整体概念

产品整体概念是指在商品交换活动中，企业为消费者提供的能满足消费者需求的所有有形或无形因素的总和。

（一）产品整体概念的五个层次

1. 核心产品

核心产品是指消费者希望通过交换活动得到的最为核心或最为基本的效用或利益，是产品整体概念中最基本、最主要的部分。例如，购买生日蛋糕主要不是为了吃，而是为了烘托一种气氛；轿车并非是一堆钢铁，而是代步工具，有时更是地位和身份的标志。

营销资料 5-1

买的是什么？

淡淡的背景音乐、西式风情、服务生的细致优雅使很多年轻人对西餐厅情有独钟。在他们心目中，就餐环境排在第一位，“我去哪里吃了饭”通常比“我吃了什么”更重要。

2. 形式产品

形式产品是指核心产品价值借以存在并传递给消费者的具体形式或外在表现形式。通常实体产品由质量、特色、款式、品牌、包装五大因素构成；服务产品由程序、人员、地点、时间、品牌等因素构成。

3. 期望产品

期望产品是指购买者购买产品时期望得到的与核心产品密切相关的一整套属性和条件。例如，旅馆的客人除了希望得到休息和睡觉的利益，还期望得到清洁的床位、洗护用品、浴巾、衣橱、网络等。

4. 附加产品

附加产品也称延伸产品，是指消费者购买前三个层次的产品时，附带获得的各种利益的总和。它是生产者为了满足消费者的延伸性需求而提供的产品或服务的总和，通常包括销售服务、优惠、信贷、配送服务、安装服务、赠品等内容。

5. 潜在产品

潜在产品是指在核心产品、形式产品、期望产品、附加产品之外，能满足消费者潜在需求的，尚未被消费者意识到，或者已经被意识到但尚未被消费者重视，或消费者不敢奢望的一些产品价值。营销人员需要注意，虽然消费者得不到潜在产品也依然可以很好地满足其现实需求，但得到潜在产品，潜在需求会得到超值满足。

实战范例 5-1

日本人的“地点产品”

日本兵库县的丹波村，交通很不方便，村子很穷，没有什么特产。为使村子富起来，村里的人请很有经验的井坂强毅先生做顾问。井坂先生考虑到要使村子富起来，就得想办法使之商品化。井坂绞尽脑汁，突然灵机一动：如今在丰富的物质文明中生活的现代人，厌倦了大城市的喧嚣，对“原始”生活有尝试的兴趣。于是他说服村里人修筑原始人房屋而居。很快消息就传开了，许多城里人争相来观光，体会原始生活方式的意境。随着观光人数的剧增，村子的收入增加，也盖起了漂亮的餐厅、旅馆，修建了现代化的公路，但观光人数反而减少了，因为它正在失去原有的特色。

（二）产品组合及其策略

1. 产品组合相关概念

产品组合是指企业生产或经营的产品结构，即企业根据市场需求和自身资源、技术条件确定生产或销售的全部产品大类和产品项目的组合。

产品大类又称产品线，是指产品类别中在技术上和结构上密切相关，具有相同使用功能，规格不同而能满足同类需求的一组产品。如米其林有轮胎、地图和餐饮评级三个产品大类。产品项目是指某种产品大类中不同型号、规格、价格、外观等属性的具体产品。

产品组合有一定的宽度、长度、深度和关联性。产品组合的宽度是指一个企业有多少产品大类。产品组合的长度是指一个企业的产品组合中所包含的产品项目的总数。产品组合的深度是指一个产品大类中有多少种不同品种、规格的产品项目。产品组合的关联性是指一个企业的各个产品大类在最终使用、生产条件、分销渠道等方面的相关程度。

营销资料 5-2

宝洁（中国）公司的产品组合

宝洁（中国）公司现有婴儿护理、织物护理、女性护理、男性理容、秀发护理、居家护理、口腔护理、个人健康护理、皮肤和个人护理 9 大类产品项目，产品组合的宽度为 9。在婴儿护理产品线下，有帮宝适拉拉裤、纸尿裤和湿巾 3 个系列产品；在帮宝适拉拉裤系列下，又有一级帮、帮宝适夏日等5种不同型号的产品，表明宝洁（中国）公司的婴儿护理产品的深度是3，而帮宝适拉拉裤系列产品的深度是5。宝洁（中国）公司所生产的都是日化产品，而且都是通过类似的销售渠道销售，就产品的最终使用者和分销渠道而言，其产品组合的关联性较大；但是，宝洁（中国）公司的产品对消费者来说有各自不同的功能，就这一点来说，其产品组合的关联性较小。

2. 产品组合的选择

产品组合的宽度、深度、长度和关联性构成了产品组合的四个维度，它为企业制定产品战略提供了依据，在市场营销实践中具有重要作用。

（1）选择产品组合的宽度。

选择较宽的产品组合，有利于企业充分发挥特长，利用各种技术、资源扩大其经营范围，适应市场多种需要，提高企业效益，分散降低企业经营风险，增强企业应变能力。选择较窄的产品组合，有利于企业集中力量，提高生产专业化程度，提高产品质量，满足客户不同层次的需求，增强产品竞争能力，促进不同市场的开发。企业在产品组合宽度的选择上要做到适当、合理，不能贪大求全，超出企业经营能力和水平，否则，会造成经营上的紊乱，降低企业信誉和效益。

（2）选择产品组合的深度。

选择较深的产品组合，商品品种多，可适应更多不同需求，有利于提高服务质量，吸引消费者，占领更多同类产品的目标市场。选择较浅的产品组合，商品品种少，有利于降低成本。因此，企业在产品组合深度的选择上要做到恰当、适中。

（3）选择产品组合的长度。

企业增加产品组合的长度，使得产品线中产品项目总数增加，可以丰富企业的产品线，更好地满足不同消费者的需要，总体上提高产品销量。但同时也会给企业带来更多的变化因素，分散了销量，提高了产品的单位成本，不利于形成规模经济。

（4）选择产品组合的关联性。

企业增加产品组合的关联性，可以提高企业在某一地区、某一行业的声誉，充分发挥企业的技术、生产和销售能力，方便客户购买，有利于充实企业的营销势力，增强企业的市场竞争能力。

3. 产品组合策略

（1）扩充产品组合策略。

扩充产品组合包括拓展产品组合的宽度和增加产品组合的长度。前者是指在原产品组合中增加一个或几个产品大类，扩大产品范围；后者是指在原有产品大类内增加新的产品项目。当企业预测现有产品大类的销售额和利润额在未来一段时间内有可能下降时，就应考虑在现行产品组合中增加新的产品大类。如果企业打算增加产品特色，或为更多的细分市场提供产品，则可以在原有的产品大类内增加新的产品项目。

（2）缩减产品组合策略。

在市场不景气、原材料供应紧张、劳动力成本增加等情况下，企业可以缩减产品组合，以利于实现专业化生产，提升利润。采用该策略的企业，可以在市场营销活动中保留对企业有利的产品大类，淘汰那些获利很小甚至亏损的产品大类或产品项目。该策略适用于中小企业。

(3) 产品线延伸策略。

产品线延伸是指企业在特定的产品线内部，部分或全部地改变企业原有产品的市场定位，包括可以向上延伸、向下延伸和双向延伸。向上延伸，指企业原来生产低档产品，后来增加高档产品；向下延伸，指企业原来生产高档产品，后来增加低档产品；双向延伸，指原生产中档产品的企业决定向上下两个方向延伸，既生产高档产品，又生产低档产品。采用产品线延伸策略，可以较容易地实现产品系列化、通用化和标准化；可以用较少的资金、较快的速度发展新产品，满足市场各类用户的不同需要；还可以借用高档品牌产品的声誉，生产和销售中低档产品，以吸引购买力较低的消费者。

实战范例 5-2

好利来的产品线延伸策略

好利来自 2014 年开始进行品牌升级，并在 2017 年建立了好利来品牌经营新标准，该新标准包含新的店面装修标准、产品品质标准、服务品质与店员形象标准三个主要部分。好利来要求从 2017 年起，全国好利来烘焙连锁店都必须执行这个新标准。新标准不可避免地导致门店运营成本提升，对于不同城市的好利来门店，执行新标准的难易程度不同。

自 2019 年 7 月底开始，好利来便在全国各地开始了大规模的品牌更名。除一线城市外，其余各地根据区域划分进行品牌更名，不再使用“好利来”的名称。其中原公司旗下好利来品牌，在吉林、铁岭、锦州、大同等地的 60 余家店统一更名为“好芙利”品牌，而原江西区域的好利来则更名为“蒲公英”；华南地区、西北地区的三、四线城市的好利来则分别更名为“麦兹方”“心岸”“甜星”等品牌。

在高端产品上，好利来旗下的黑天鹅蛋糕在创立之初就定位于高端蛋糕品牌，主要锁定的消费群体是高端用户人群，在黑天鹅蛋糕天猫旗舰店，售价最高的一款蛋糕为 9 999 元。黑天鹅蛋糕在原料、售价、门店服务以及工作人员的招聘上，一直与高端化相匹配。曾经，黑天鹅蛋糕也是消费者朋友圈晒照、打卡的热门品类。如今，黑天鹅已关闭多家实体门店，转向线上，仅在北京、天津、成都、沈阳 4 个城市保留 6 家线下门店。但转向线上的黑天鹅蛋糕依然坚持其高端化运营模式。

二、辨别产品市场生命周期

（一）产品市场生命周期的概念

微课：产品市场生命周期

产品市场生命周期指产品经过研究开发，从进入市场开始，直到最终退出市场为止所经历的全部时间。产品只有经过研究开发、试销，进入市场后，它的市场生命周期才算开始；产品退出市场，标志着生命周期的结束。产品市场生命周期通常分为投入期、成长期、成熟期和衰退期四个阶段。各阶段的划分如图 5-1 所示。

在产品市场生命周期的变化过程中，正确确定产品所处的生命周期阶段，是企业进行正确决策的基础，对市场营销工作意义重大。产品市场生命周期各阶段的判断方法有：销售增长率分析法、产品普及率分析法和同类产品类比法。

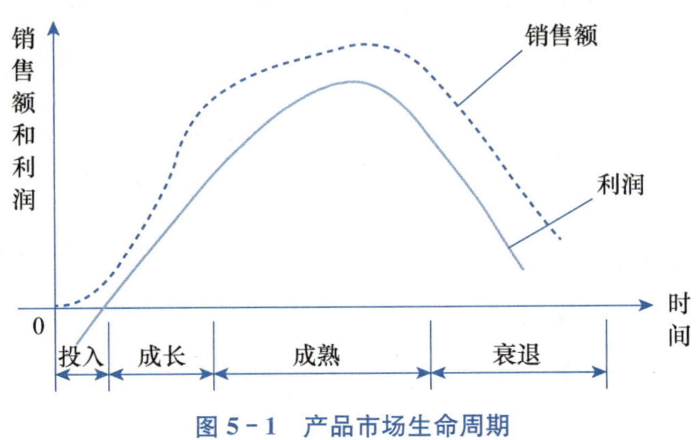

图 5－1 产品市场生命周期

（二）产品市场生命周期各阶段的特征及策略

在现代市场经济条件下，企业不能只埋头生产和销售现有产品，必须随着产品市场生命周期的发展变化，及时调整营销方案，并重视新产品开发，及时用新产品替代衰退的老产品。

1. 投入期

投入期是指新产品进入市场的最初阶段。其主要特征有以下四个方面：

（1）生产成本高。

新产品刚开始生产时，数量不大，技术尚不稳定、不熟练，次品率也较高，因而制造成本较高。

（2）促销费用大。

新产品刚投放市场时，其性能、质量、使用价值、特征等还未被人们认识，为迅速打开销路，提高知名度，需进行大量的广告宣传及其他促销活动，促销费用很大。

（3）销售数量少。

因新产品还未赢得消费者的信赖，未被广泛接受，所以购买者较少。

（4）竞争不激烈。

因新产品刚进入市场，销路不畅，企业无利甚至亏损，生产者较少，竞争尚未真正开始。

在投入期，企业主要的营销目标是迅速将新产品打入市场，尽可能地扩大产品销售量，可以采用如下策略：

（1）积极开展卓有成效的广告宣传，采用特殊的促销方法，如示范表演、现场操作、实物展销、免费赠送、小包装试销等，广泛传播商品信息，帮助消费者了解商品，提高认知程度，解除疑虑。

产品与价格组合策略

（2）积极攻克产品制造中尚未解决的某些技术问题，稳定产品质量，并根据市场反馈，改进产品，提高质量。

（3）就产品与价格的组合策略来看，可运用如下策略：高价高促销策略；高价低促销策略；低价高促销策略；低价低促销策略。

2. 成长期

成长期是指产品在市场上已经打开销路，销售量稳步上升的阶段。此时购买者对商品已经比较熟悉，市场需求扩大，销售量迅速增加；生产和销售成本大幅度下降，大批量生产和大批量销售使单位产品成本减少；企业利润增加，竞争者相继进入市场，企业之间开始争夺人才和资源，会出现兼并等意外事件，引发市场动荡。

在成长期，企业的主要任务是进一步扩大产品市场，提高市场占有率，可以采用如下策略：进一步提高产品质量，增加花色、品种、式样、规格，改进包装；广告促销从介绍产品、提高知名度转为突出特色、树立形象、争创名牌；开辟新的分销渠道，扩大商业网点；在大量生产的基础上，适时降价或采用其他有效的定价策略，吸引更多购买者。

3. 成熟期

产品处于成熟期时销量达到最高峰，之后开始呈现缓慢下降趋势；利润增长也达到最高点，后期会逐渐减少；此时，市场同类产品竞争激烈，产品逐步标准化，差异不明显，且有新产品加入竞争，消费者对于产品的选择性增强，新的客户减少，主要靠老客户重复购买支撑。

企业在成熟期可采取如下策略：通过增加品种、规格或改革式样等吸引消费者；改善工艺过程和经营管理以便降低成本；积极开发新产品，为产品更新换代做好准备；调整售价以吸引消费者；加强销售服务，争取以服务取胜。

4. 衰退期

产品处于衰退期时销量急剧下降，产能严重过剩，出现积压；客户对产品性价比要求很高，此时促销手段基本失效；市场上已经有取代它的新产品，产品的价格、毛利都很低。

企业在衰退期可采取如下策略：逐步放弃淘汰产品、无利产品的经营；对库存剩余产品，能够销售的积极销售，需要加工改制的要迅速改制，减少积压和损失；利用降价吸引顾客；积极开发新产品，实现新老产品顺利交接，以保持和扩大市场占有率。

产品市场生命周期各阶段特征对比如表 5-1 所示。

表 5-1 产品市场生命周期各阶段特征对比

项目	投入期	成长期	成熟期	衰退期
消费者	高收入用户	销售群扩大	新客户减少	对性价比要求高
竞争者	很少	增多	稳中有降	减少
产能	过剩	不足	稳定，局部过剩	严重过剩
生产量	小	扩大	大	萎缩
销量	低	节节攀升	最大	下降
价格	弹性小，价格高	最高	开始下降	很低
成本	高	一般	较低	低
利润	较低	最高	适中	很低

实战范例 5-3

不断拓展的尼龙新用途

杜邦公司是尼龙产品的开拓者。每当尼龙产品进入产品市场生命周期的成熟阶段，杜邦就会为它找到新的用途。二战期间，尼龙刚刚发明，它是制作降落伞的首选材料；二战结束后，它是制作女袜的最好材料；随后成为男女衬衫的主要原料，再后来又成为汽车轮胎、沙发椅套和地毯的原料。每项新发明都使尼龙开始了一个新的产品市场生命周期，这一切都归功于杜邦为发现产品的新用途而做的不懈努力。

三、制定品牌、包装策略

（一）产品的品牌策略

1. 品牌的概念

国内外大部分书籍对于品牌的定义是：一个名称、标志或象征，可以用来界定产品或服务的销售主体，以使之区别于竞争对手的产品或服务。品牌是销售者给自己的产品规定的商业名称，通常由文字、标记、符号、图案和颜色等要素组合而成，用作一个销售者的标志，以便同竞争者的产品相区别。

品牌由品牌名称、品牌标志、商标组成。品牌名称指品牌中可用语言表达的部分，如"正虹""大成"等。品牌标志指品牌中可被识别而不能用语言表达的部分，包括：符号、图案或色彩搭配等。商标指产品的文字名称、图案记号或者二者结合的一种设计，经向有关部门注册登记后，即为企业产品专有标志。

品牌作为一种重要的无形资产和知识产权，是竞争者无法模仿的资源，也是控制市场和推销新产品的有力武器。基本价值、消费者价值和定位构成了创建品牌的三个战略要素。

（1）基本价值。

任何品牌都必须建立在一定的价值和品质的基础上，这些价值和品质对于企业战略来说是持久的、有目的的和根本的。基本价值赋予普通商标深层次的含义。企业创建品牌时，必须要有明确的方向，并且要把这种价值贯穿于实际的产品策略中。

（2）消费者价值。

消费者价值应更多地建立在对产品的情感和渴求情绪上。企业必须明白基本价值对消费者来说意味着什么。消费者价值就是把一般的基本价值转化成对消费者利益的明确说明。例如，小米手机设计简洁，便于使用，这些功能上实实在在的好处，就是该企业消费者价值的一部分。

品牌战略必须以消费者价值为导向，消费者价值更多地瞄准消费者所高度重视的利益，如英特尔芯片能够给消费者带来可靠、安全的感觉。消费者有自己的价值主张，所以他们追求名牌。一个有效的消费者价值主张应当深刻地洞察消费者的需要和行为。

(3) 定位。

定位是指确定以下两个方面：目标消费群和产品的独到之处。两者共同决定了品牌的定位。对消费者进行细分，确定目标消费者，就是为了确定哪些消费者与品牌基本价值的关系最密切，或者说品牌的消费者价值主张最好地反映了哪些消费者的愿望。例如，雀巢公司为其咖啡业务重新确定了战略，其目标消费者是那些欢迎喝咖啡的新方式，并且愿意接受速溶咖啡的人。

2. 品牌策略

(1) 品牌化策略。

企业为其产品规定品牌名称、品牌标志并向政府有关主管部门注册登记的一切业务活动，叫作品牌化。品牌化有利于增强企业的产品竞争力，培育消费者对品牌的忠诚度，树立企业形象。

(2) 品牌归属策略。

品牌归属策略是指决定品牌归谁所有的决策，有以下三种选择：

1) 生产者品牌策略。即品牌所有权归制造者所有，它是最主要的品牌归属策略。大多数品牌的所有者都是制造商，如格力、海尔、美的、宝洁、可口可乐等。

2) 中间商品牌策略。即品牌所有权归中间商所有，这类品牌也称私人品牌、零售品牌。只有规模巨大、市场面广、知名度高的中间商才使用中间商品牌。例如，苏宁、国美、华联等，这些零售连锁企业已经开始引入零售品牌，或向生产商定制专卖产品，以使消费者建立对该中间商而不是产品生产商的忠诚度。

3) 混合品牌策略。即产品同时使用生产者品牌和中间商品牌，以适应不同的营销条件。

(3) 品牌统分策略。

企业确定使自己的产品品牌化后，又面临着选择是所有产品都使用一个品牌还是不同的产品使用不同的品牌的决策，即确定企业的品牌统分策略。品牌统分策略包括统一品牌、个别品牌、分类品牌等策略。

1) 统一品牌策略。即对企业生产的所有产品都使用同一种品牌。优点是有利于显示企业实力，树立企业形象；可带动新产品顺利上市；可节省品牌广告宣传费用，起到较好的宣传作用。但统一品牌策略不宜用于原有声誉、形象一般或较差的企业，它一般适用于价格、品质和目标市场大致相似的产品。

2) 个别品牌策略。即对企业生产的产品按产品线或产品项目的不同分别采用不同的品牌。例如，对不同产品采用不同的品牌；对相同产品依其质量和式样不同采用不同的品牌；对质量和式样都相同的产品采用不同的品牌等。

3) 统一品牌与个别品牌并行策略。这种策略兼具以上两种品牌策略的优点，拥有系列产品或多种类型产品的企业，可考虑采用此种策略。

4) 分类品牌策略。即企业在对所有产品进行分类的基础上对各类产品使用不同的品牌。

(4) 品牌扩展策略。

品牌扩展策略，即企业利用其成功品牌名称的声誉来推出改良产品或新产品，包括推出新的包装规格、香味和式样。

（5）多品牌策略。

多品牌策略，即企业同时经营两种相互竞争的品牌，如可口可乐公司曾经同时经营两种减脂可乐：健怡可乐和零度可乐。

（6）品牌重新定位策略。

品牌重新定位策略，即全部或部分调整或者改变品牌原有的市场定位。

（二）产品的包装策略

1. 包装的概念与作用

包装是指对某一产品设计并制作容器或包扎物的一系列活动。产品从生产者到消费者手中，必须经过一定的包装。目前，包装已成为强有力的营销手段。设计良好的包装能为消费者创造方便价值，为生产者创造促销价值。多种多样的因素会促进包装化作为一种营销手段在应用方面的进一步发展。由于越来越多的产品在超级市场上和折扣商店里以自助的形式出售，因此包装必须执行许多推销任务。包装的作用可概括为以下几个方面：

（1）保护商品，减少经济损失。

产品包装最基本的功能便是保护商品，便于储运。有效的产品包装可以起到防潮、防热、防冷、防挥发、防污染、保鲜、防碎、防变形等一系列保护产品的作用。

（2）方便运输、保管和销售。

对于外形不固定的商品，或者是液态、气态商品，或者是分装商品，如果不进行包装，则无法运输和储藏。因此，在对产品进行包装时，要注意对产品包装材料的选择以及包装的技术控制。

（3）美化商品，引导消费，促进商品销售。

商品给消费者的第一印象，不是商品的内在质量，而是其外包装美观与否。恰当美观的包装能吸引注意力，说明产品的特色，给消费者以信心，在消费者心中形成一个有利的总体印象。

（4）增加利润。

好的包装不仅可与好的产品相得益彰，避免“一等产品，二等包装，三等价格”，而且还能提高产品档次，带来超额利润。包装产品由于便于储存管理、方便运输、能够减少损耗等，可以提高市场营销中各环节的效率，从而相对增加盈利。

实战范例 5-4

咖啡的价格

咖啡被当作普通的产品销售时，一磅可卖 300 元；咖啡被包装后，一杯就可以卖一二十元；当其中加入了服务，在咖啡店中出售，一杯最少要几十元至上百元；但如果让咖啡成为一种香醇与美好的体验，一杯就能卖到上百元甚至是好几百元。

---

2. 包装的分类

按包装所处的层次，可将包装分为以下几类：

(1) 首要包装。

首要包装，即直接接触产品的包装，是最贴近产品的直接包装，如牙膏皮、酒瓶等。

(2) 次要包装。

次要包装，即用于保护首要包装的第二层包装，一般在产品使用时被丢弃，如包装牙膏、瓶酒所用的硬纸盒等。

(3) 运输包装。

运输包装又称大包装、外包装，指产品储存、运输和识别所用的包装，主要用于保护产品品质安全和数量完整，又可分为单件运输包装和集合运输包装。

3. 包装的设计原则

(1) 适用原则。

包装的主要目的是保护产品，因此，首先要根据产品的不同性质和特点，合理地选用包装材料和包装技术，确保产品不损坏、不变质、不变形等，尽量使用符合环保标准的包装材料；其次要合理设计包装，使其便于运输等。

(2) 美观原则。

销售包装具有美化产品的作用，因此，在包装的设计上要求外形新颖、大方、美观，具有较强的艺术性。

(3) 经济原则。

在符合营销策略的前提下，应尽量降低包装成本。

4. 包装策略

(1) 类似包装策略。

类似包装策略，是指企业对其生产的产品采用相同的图案、近似的色彩、相同的包装材料和相同的造型进行包装，便于顾客识别出本企业产品。对于忠实于本企业的顾客，类似包装无疑具有促销的作用，在已树立优质产品品牌的情况下，新产品投放市场后会因包装类似而易使消费者认可，很快打开市场。企业还可因此而节省包装的设计、制作费用。但类似包装策略只能适用于质量相同的产品，对于品种差异大、质量水平悬殊的产品则不宜采用。

(2) 配套包装策略。

配套包装策略，是指按各国消费者的消费习惯，将数种有关联的产品配套包装在一起成套供应，便于消费者购买、使用、携带，同时还可扩大产品的销售。在配套产品中如加入某种新产品，可使消费者不知不觉地习惯使用新产品，有利于新产品的上市和普及。

(3) 再使用包装策略。

再使用包装策略，是指包装内的产品使用完后，包装物还有其他的用途。如各种形状的香水瓶可用作装饰物，精美的食品盒也可被再利用等。这种包装策略可使消费者感到一物可多用而引起其购买欲望，而且包装物的重复使用也起到了对产品的广告宣传作用。但应谨慎使用该策略，避免因成本加大引起商品价格过高而影响产品的销售。

(4) 附赠包装策略。

附赠包装策略，是指在商品包装物中附赠奖券或实物，或包装本身可以换取礼品，引起顾客的惠顾效应，吸引顾客重复购买。我国出口的“芭蕾珍珠膏”，曾经在每个包装盒内附赠珍珠别针一枚，顾客购至 50 盒就可以串一条美丽的珍珠项链，这使珍珠膏在国际市场上十分畅销。

（5）分等级包装策略。

分等级包装策略，是指对同一种商品采用不同等级的包装，以适应不同的购买力水平，如送礼商品和自用商品采用不同档次的包装。

（6）改变包装策略。

改变包装策略，是指改变和放弃原有的产品包装，改用新的包装。由于包装技术、包装材料不断更新，消费者的偏好不断变化，可以采用新的包装以弥补原包装的不足。企业在改变包装的同时必须配合好宣传工作，以消除消费者以为产品质量下降或其他的误解。

任务二　制定产品价格

任务导入

女士黑色 T 恤的价格

阿玛尼（ARMANI）一件黑色 T 恤售价为 275 美元，盖璞（GAP）一件 T 恤只要 14.9 美元。阿玛尼的 T 恤含 70%尼龙、25%涤纶和 5%弹性纤维，而盖璞的 T 恤是全棉的。确实，阿玛尼的 T 恤更加时尚，还带有一个“产于意大利”的标签，但这怎么值 275 美元呢？作为一个奢侈品牌，阿玛尼因其价格高达数千美元的套装、手袋和晚礼服而出名，在这种情况下，它的 T 恤也可以卖较高的价格。由于购买 275 美元的 T 恤的人不多，因此阿玛尼生产得很少，这又进一步吸引了那些希望拥有限量版 T 恤以彰显其身份的人。

任务分析

为什么阿玛尼的黑色 T 恤材质没有平价服装店的好，还能卖那么高的价位？

知识对接

价格是营销组合中带来收入的因素，其他因素则会产生成本。价格也是整个营销方案中最容易调整的因素，其他因素如产品特性、渠道甚至传播的调整都会花费更多时间。同时，价格也可以向市场传递企业对其产品或品牌的价值定位。一个精心设计和营销的品牌可以获得产品溢价和丰厚的利润。但是多变的经济状况使得很多消费者精打细算，因此许多公司不得不仔细审核它们的价格策略。

一、影响企业定价的因素分析

企业在制定价格策略时，可以在明确企业目标的前提下，仔细分析、评估消费者需求特性、成本状况以及竞争对手的产品与价格，从而通过选择适当的定价方法确定产品最终价格。影响定价的因素是多方面的，包括定价目标、产品成本、市场需求、竞争者的产品和价格等。

（一）定价目标

任何企业制定价格，都必须按照企业的目标市场战略及市场定位战略的要求来进行。定价所应考虑的因素较多，定价目标也多种多样，不同企业有不同的定价目标，同一企业在不同时期也有不同的定价目标，企业应权衡各个目标的依据及利弊，谨慎选择。企业的定价目标主要有以下几种，如图 5-2 所示。

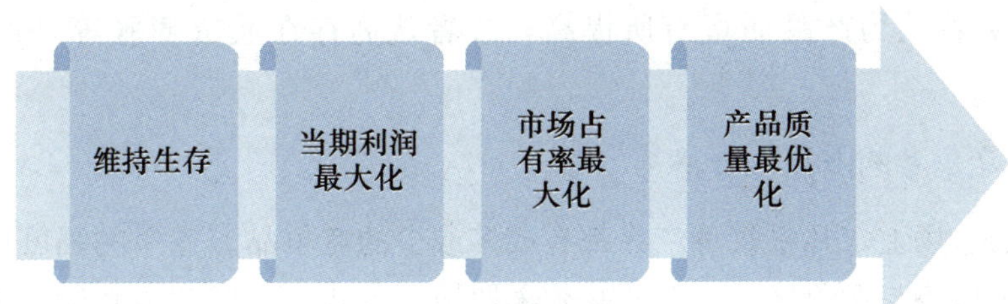

图 5-2 企业的定价目标

1. 维持生存

如果企业产量过剩，或面临激烈竞争，或试图改变消费者需求，则需要把维持生存作为主要目标。为了确保工厂继续开工和使存货出手，企业必须制定较低的价格，并希望市场是价格敏感型的。许多企业通过大规模的价格折扣来保持企业活力，只要其销售收入能弥补可变成本和一些固定成本，企业的生存便可得以维持。一般来说，只有在社会产能大量过剩，竞争十分激烈的情况下，企业才会选择这一定价目标。

2. 当期利润最大化

当企业的产品在市场上处于绝对有利地位时，企业总是希望制定一个能使当期利润最大化的价格。它们对需求和成本进行估计，并据此选择一种价格，使之能产生最大的当期利润、现金流量或投资报酬。

3. 市场占有率最大化

市场占有率是衡量企业营销业绩和市场竞争态势的重要指标，因为赢得最高的市场占有率之后，企业就可以享有最低的成本和最高的长期利润，为了成为市场份额的领导者，企业会把价格尽可能定低。

4. 产品质量最优化

企业也可以考虑产品质量领先这样的目标，并在生产和市场营销过程中始终贯彻产品质量最优化的指导思想。这就要求用高价格来弥补高质量和研究开发的高成本。产品优质优价的同时，还应辅以相应的优质服务。

（二）产品成本

产品的价格由成本费用和盈利构成，如果说某种产品的最高价格取决于市场需求，则最低价格就取决于这种产品的成本费用。从长远来看，任何产品的销售价格都必须高于成本费用，才能以销售收入来抵偿生产成本和经营费用，否则就无法维持经营。因此，企业制定价格时必须估算成本。研究成本因素，应区别各种不同的成本概念，如固定成本、变动成本、总成本、边际成本、机会成本等。

（三）市场需求

市场需求也对企业定价有着重要影响，而需求又受价格和收入变动的影响。由价格或收入等因素引起的需求相应的变动率，就叫作需求弹性。需求的价格弹性反映了需求量对价格的敏感程度。在下列条件下，需求可能缺乏弹性：市场上没有替代品或者没有竞争者；购买者对较高价格不在意；购买者改变购买习惯较慢，也不积极寻找较便宜的东西；购买者认为产品质量有所提高，或者认为存在通货膨胀等，价格较高是应该的。

（四）竞争者的产品和价格

在竞争性的市场上，几乎每种产品都有或多或少的竞争品。竞争的强度取决于产品制作的难易、供求形势与竞争格局。企业必须采取适当方式，了解竞争者所提供的产品质量和价格以及主要竞争对手的实力如何。企业获得这方面的信息后，就可以与竞争产品比质比价，更准确地制定本企业产品价格。如果两者质量大体一致，则两者价格也应大体一样，否则本企业产品可能卖不出去；如果本企业产品质量较高，则产品价格也可以定得较高；如果本企业产品质量较低，那么产品价格就应定得低一些。

产品成本因素决定了企业制定价格的最低水平，市场需求因素决定了企业制定价格的最高水平，而竞争者的产品和价格决定了企业的价格水平浮动区间。

二、掌握企业常用定价方法

在确定消费者的需求水平、成本函数和竞争者的价格后，企业就可以制定价格了。制定价格时需要重点考虑三个问题：成本是价格的下限；竞争品的价格和替代品的价格是定价的参照基准点；产品的市场需求是价格的上限。

企业应选择将这三种因素中的一种或多种因素包含在内的定价方法。企业常用的定价方法可归纳为成本导向定价法、需求导向定价法和竞争导向定价法三类。

（一）成本导向定价法

以营销产品的成本为主要依据制定价格的方法统称为成本导向定价法，这是最简单、应用相当广泛的一种定价方法。

1. 总成本定价法

（1）成本加成定价法。

成本加成定价法，即按产品单位成本加上一定比例的毛利定出销售价。其计算公式为：

商品的单价＝商品的单位总成本×(1＋商品的加成率)

例：某电器商进口彩电，进货平均成本 2 000 元，电器行业的彩电加成率为 16%，按产品进价加成，这批彩电零售价格是多少？

零售价＝产品进价×(1＋产品加成率)＝2 000×(1＋16%)＝2 320(元)

按产品进价加成这批彩电零售价格是 2 320 元。

该方法的优点是简便易行，有利于核算并能补偿总成本，在正常情况下，企业可获预期的一般利润，对双方相对公平，是企业的常用定价方法。缺点是不灵活，忽视市场供求，也没考虑到销量与成本的变动关系，难以适应市场竞争形势，难获预期利润。

这种定价方法适合在市场形势好、产品畅销的情况下采用。

（2）目标利润定价法。

目标利润定价法是指根据企业总成本和预期销售量，确定一个目标利润率，并以此作为定价的标准。其计算公式为：

单位商品价格＝[总成本×(1＋目标利润率)]/预计销量

例：企业生产某种产品，投资额为 300 万元，预期投资收益率为 12%，预计产量为 15 万件，假定企业年固定成本消耗为 60 万元，单位变动成本为 6 元。单位产品售价达到多少才能实现预期投资收益？

价格＝(总成本＋目标利润)/总销量
总成本＝固定成本＋总变动成本
目标利润＝投资额×投资收益率
总成本＝600 000＋6×150 000＝1 500 000(元)
目标利润＝3 000 000×12%＝360 000(元)
价格＝(1 500 000＋360 000)/150 000＝12.4(元)

该方法的优点是可以预测价格与需求量之间的关系，并利用损益平衡分析，来制定合适的价格。若不符合利润目标，则尝试调整成本或价格，预测新的需求量，以确定更合适的价格水准。缺点是忽略了成本管理，对售价不利。

这种方法一般适用于在市场上具有一定影响力的企业及市场占有率较高或具有垄断性质的企业。

2. 盈亏平衡定价法

盈亏平衡定价法，是运用损益平衡原理实行的一种保本定价法。其计算公式为：

盈亏平衡点销售量＝固定成本/(单价－单位变动成本)
单价＝(固定成本/盈亏平衡点销售量)＋单位变动成本

例：某商店购进服装 3 000 件，其固定成本为 6 万元，单位变动成本为每件 20 元，拟将该服装全部销出，则收支平衡的定价为多少？

单价＝60 000/3 000＋20＝40(元)

盈亏平衡定价法的优点是简单易行。缺点主要表现为预期销量难以确定，如果市场供求变动大，企业难获预期利润。

盈亏平衡定价法适用于市场不景气或订货量不足的情况，保本销售总比停工损失好。

（二）需求导向定价法

需求导向定价法是指根据市场需求状况和消费者对产品的感觉差异来确定价格的定价方法。

1. 认知导向定价法

认知导向定价法是指根据消费者对企业提供的产品价值的主观评判来制定价格的一种定价方法。认知导向定价与现代市场营销观念相一致。根据认知价值定价的关键在于准确地计算产品所提供的全部市场认知价值。

企业采用认知导向定价法的步骤如下：（1）确定消费者认知价值，决定商品的初始价格；（2）预测在初始价格下商品的销量；（3）预测目标成本，即由销量算出生产量、投资额及单位成本；（4）把目标成本与实际成本相比较，计算能否达到预期利润。

2. 逆向定价法

逆向定价法是指依据消费者能够接受的最终销售价格，考虑中间商的成本及正常利润后，逆向推算出中间商的批发价和生产企业的出厂价格的一种定价方法。其计算公式为：

出厂价格＝市场可零售价格×(1－批零差率)×(1－进销差率)

采用逆向定价法制定出来的价格能反映市场需求情况，有利于企业加强与中间商的良好关系，保证中间商的正常利润，使产品迅速向市场渗透，并可根据市场供求情况及时调整，定价比较灵活。该种方法能够制定出针对性强，既能为客户所接受又能与竞争对手抗衡的产品价格。

3. 习惯定价法

习惯定价法是指产品的销售方按照消费者的要求习惯和价格习惯对产品进行定价的一种定价方法。日常消费品的价格，一般易于在消费者心中形成一种习惯性标准，符合其标准的价格就容易被消费者所接受，偏离其标准的价格就容易引起消费者的怀疑。高于习惯价格会被消费者认为是变相涨价；低于习惯价格，又会被消费者怀疑质量是否有问题。因此，这类商品的定价要力求稳定，尽量避免价格波动所带来的不必要的损失。在不得不变价时（如原材料涨价），应采取改换包装或品牌等措施，减少消费者的抵触心理，并引导消费者逐步形成新的习惯价格。

这种定价方法，常用于食盐、粮食等生活必需品。此类产品的需求弹性不大，竞争不激烈，并且该类产品的支出占消费者收入的比例很小，属于必需的正常消费品。

（三）竞争导向定价法

竞争导向定价法是指企业通过研究竞争对手的生产条件、服务状况、价格水平等因素，依据自身的竞争实力，参考成本和供求状况来确定商品价格的定价方法。

竞争导向定价法主要包括随行就市定价法、产品差别定价法和密封投标定价法。

1. 随行就市定价法

随行就市定价法即将本企业某产品价格保持在市场平均价格水平上，利用这样的价格来获得平均报酬。采用随行就市定价法，企业就不必去全面了解消费者对不同价格的反应，也不会引起价格波动。

2. 产品差别定价法

产品差别定价法是指企业通过不同的营销活动，使同种同质的产品在消费者心目中树立起不同的产品形象，进而根据自身特点，选取低于或高于竞争者的价格作为本企业产品价格。因此，产品差别定价法是一种进攻性的定价方法。

3. 密封投标定价法

在国内外，许多大宗商品、原材料、成套设备和建筑工程项目的买卖和承包，以及出售小型企业等，往往采用发包人招标、承包人投标的方式来选择承包者，确定最终承包价格。一般来说，招标方只有一个，处于相对垄断地位，而投标方有多个，处于相互竞争地位。

标的物的价格由参与投标的各个企业在相互独立的条件下确定。在买方招标的所有投标者中，报价最低的投标者通常中标，它的报价就是承包价格。这样一种竞争性的定价方法就是密封投标定价法。

三、制定合理的定价策略

定价策略是市场营销组合中一个十分关键的组成部分。常见的定价策略有六种：折扣定价、心理定价、差别定价、地区定价、组合定价、新产品定价。

（一）折扣定价

微课：折价与让价策略

折扣定价是指对基本价格做出一定的让步，直接或间接降低价格，以争取顾客，扩大销量。其中，直接折扣的形式有数量折扣、现金折扣、功能折扣、季节折扣，间接折扣的形式有回扣和津贴。

1. 数量折扣

数量折扣又称批量作价，是指企业对大量购买产品的顾客给予的一种减价优惠。一般购买量越多，折扣也越大，以鼓励顾客增加购买量，或集中向一家企业购买，或提前购买。尽管数量折扣使产品价格下降，单位产品利润减少，但销量的增加、销售速度的加快，使企业的资金周转次数增加了，流通费用下降了，产品成本降低了，实现企业总盈利水平上升，对企业来说利大于弊。数量折扣有两种形式：

（1）累计数量折扣。即在一定时期内，对消费者购买商品的数量进行累计，规定购买达到若干数量等级时，给予若干等级折扣，一般是累计购买数量越大，折扣就越大。这种方法既能鼓励消费者大量购买，以扩大产品销量，也有利于与消费者或客户建立长期固定的合作关系，减少企业的经营风险。

（2）非累计数量折扣。即对消费者购买商品的数量不逐笔进行累计，仅根据一次购买数量的多少给予一定的价格折扣，一般是购买越多，折扣越大。

2. 现金折扣

现金折扣是指企业为了鼓励客户提前偿付货款而给予客户的一种销售额的让减，其实质是一种债务的扣除。现金折扣对于销售企业来说，是销货折扣；对于购货企业来说，则是一种购货折扣。一般来说，企业用“折扣率/付款期限”的形式来表示现金折扣，如2/10，1/20，N/30等。其中，2/10表示，若客户在10天内付款，企业将给予客户2%的折扣；1/20表示，若客户在20天内付款，企业将给予1%的折扣；N/30表示，企业给予客户的付款期限为30天，但客户在第21天至30天付款，将不能享受现金折扣。

3. 功能折扣

功能折扣也叫贸易折扣，是销售者对渠道成员的一种优惠，这些成员的作用是销售、储存或记账等。制造商可能对不同的分销渠道提供不同的功能折扣，因为各种渠道的工作不同。不过，对于同一销售渠道中的成员，制造商必须提供相同的功能折扣。

4. 季节折扣

季节折扣是指对过季购买商品或服务的客户提供的一种折扣。例如，草坪和园艺设备制造商在秋季和冬季给予零售商季节折扣，鼓励它们在春季和夏季这样的旺季到来之前购买。旅馆、客栈和航空公司常在淡季给予顾客季节折扣。季节折扣可以使销售者一年里的业务比较平稳。

5. 回扣

回扣是指卖方从买方支付的商品款项中按一定比例返还给买方的价款。

6. 津贴

津贴是指生产企业为了报答中间商在广告宣传、展销等推广方面所做的努力，在价格方面给予一定比例的优惠。

小思考

图5-3中的打折方式是折扣定价策略中的哪一种？

图5-3

（二）心理定价

每一件产品都能满足消费者某一方面的需求，产品的价值与消费者的心理感受有着很大的关系，这就为心理定价策略的运用提供了基础。企业在定价时可以利用消费者心理因素，有意识地将产品价格定得高些或低些，以满足消费者生理的和心理的、物质的和精神的等多方面的需求，通过消费者对企业产品的偏爱或忠诚，扩大市场销售，获得最大效益。心理定价即根据消费者购买商品时的心理制定产品价格。心理定价方法主要有整数定价、尾数定价、声望定价、招徕定价、谐音定价、系列定价等几种形式。

1. 整数定价

整数定价是指企业把原本应该定价为零数的商品价格定为高于这个零数价格的整数，一般以“0”作为尾数。这种舍零凑整的策略实质上是利用了消费者按质论价的心理、自尊心理与炫耀心理。一般来说，整数定价策略适用于那些名牌优质商品。

2. 尾数定价

尾数定价是指对产品的定价不取整数而保留尾数。保留尾数可以降低尾数价格，给人一种十分便宜的心理感觉。例如，一台 29 英寸彩电的价格定为 1 998 元，而不是 2 000 元，这样可以取得增加销量的效果。尾数的确定还要合乎风俗习惯，不同的尾数在不同的国家、不同的民族中效果会不同。

3. 声望定价

声望定价是指利用消费者仰慕名牌商品或名店的声望而产生的某种心理来制定商品的价格。因为消费者一般都有崇尚名牌的心理，所以往往以价格来判断产品质量，认为价高质必优。声望定价策略既补偿了提供优质产品或劳务的商家的必要成本，也有利于满足不同层次的消费需求。

声望定价往往采用整数定价方式，其高昂的价格能使顾客产生“一分钱一分货”的感觉，从而在购买过程中得到精神上的享受，达到良好效果。

4. 招徕定价

招徕定价是指产品或服务项目不是根据公司的成本利润来定价，而是根据市场价格，定一个远远低于市场价格的价格。可能这个项目本身利润很低甚至是无利润，但因为价格低得让人惊奇，所以很多人来店里消费。

招徕定价常用于新开店的情况，以吸引消费者，当然店里的其他项目肯定需要产生利润。采用招徕定价策略时，必须注意以下几点：

（1）降价的商品应是消费者常用的，最好是适合于每一个家庭使用的物品，否则没有吸引力。

（2）实行招徕定价的商品品种要多，以便使消费者有较多的选购机会。

（3）商品的降价幅度要大，一般应接近成本或者低于成本。只有这样，才能引起消费者的注意和兴趣，才能激起消费者的购买动机。

（4）降价品的数量要适当，太多的话企业亏损太大，太少则容易引起消费者的反感。

（5）降价品应与因伤残而削价的商品明显区别开来。

5. 谐音定价

谐音定价法是指利用人们对某种数字的偏爱心理对商品进行定价，从而使顾客乐于接受。

营销资料 5-3

"一生一世""我爱你"

某酒店推出至爱价情人节套餐，取"一生一世"的谐音，定价 1 314 元/两人。

某家商场，一种用纯金箔做成的黄金玫瑰花吸引了众多女士的目光。据介绍，这种以"我爱你"的谐音定价 521 元一枝的黄金玫瑰，一经推出就受到一些顾客的青睐，仅三四天就卖出 100 多枝。

6. 系列定价

系列定价又称分级定价，是指企业按花色、规格、等级的不同，把商品分成几个档次，每档定一个价格。例如，服装店把运动服分为 4 组，价格分别为每套 30 元、40 元、50 元和 60 元。这种定价策略容易使消费者感受到高低档的差别，并产生一种安全感和信任感，因而比较容易为消费者所接受。

（三）差别定价

差别定价又称弹性定价，是一种依赖顾客的支付意愿而制定不同价格的定价方法，其目的在于建立基本需求、缓和需求的波动和刺激消费。

（四）地区定价

企业需要决定，对于卖给不同地区（包括当地和外地不同地区）顾客的某种产品，是分别制定不同的价格，还是制定相同的价格。一般来说，一个企业的产品，不仅卖给当地顾客，而且同时卖给外地顾客。而卖给外地顾客，把产品从产地运到顾客所在地，需要花一些装运费。也就是说，企业要决定是否制定地区差价。

（五）组合定价

对相互关联、相互补充的产品，采取不同的定价策略，以迎合消费者的某些心理，属于心理定价策略之一。对于一些既可单独购买，又可成套购买的商品，实行成套优惠价格，就叫作组合定价。产品组合定价策略主要包括以下六种。

1. 产品系列定价策略

公司经常以某一价格出售一组产品，这一组产品的价格低于单独购买其中某一些产品的费用总和。

2. 产品线定价策略

产品线定价策略又称产品大类定价策略，是指对一组相互关联的产品，依照每个产品的不同特色确定其价格差异。首先，确定其中某种产品的最低价格，以吸引消费者购买产品大类中的其他产品；其次，确定某种产品的最高价格，它在产品大类中负责彰显品牌质量和收回投资；最后，对其他产品也分别依据其在产品大类中角色的不同而制定不同价格。实践中，低价位往往充当产品线招徕价格，高价位充当品牌象征。

3. 附带产品定价策略

附带产品指两种或两种以上功能互相依赖、需配合使用的商品。例如，剃须刀架是剃须刀的附带产品、打印色带是打印机的附带产品等。

大多数公司在采用这种策略时，会把价值高昂、购买频率低的主要产品价格定得低些，而把与之配套的、价值低而购买频率高的易耗品价格定得适当高些，以高价附带产品获得高额利润，补偿主要产品因低价造成的损失。例如，剃须刀和打印机制造商常常将它们的价格定得偏低，而将一个高毛利额加在刀片和打印色带上；电信公司提出如果用户承诺使用两年电话服务，其手机将免费使用。

4. 选择特色定价策略

许多公司在提供主要产品的同时，还提供各种可选择产品或具有特色的产品。例如，宾馆既提供住宿、餐饮服务，又提供娱乐、健身服务，可考虑将住宿、餐饮价格定低些，以吸引顾客，而将娱乐、健身服务价格定高些，以获取利润。餐馆顾客在进餐的同时可能还要喝酒，因此，许多餐馆将酒类价格定得高，将食品价格定得低，即依靠酒类收入弥补食品和其他经营费用。另外，一些餐馆则会把酒类价格定得低而把食品价格定得高，以吸引一大群好喝酒、为喝酒而来的人。

5. 两段定价策略

服务性公司常常收取固定费用，另加一笔可变使用费，如电话固定月租费和按时间计算的通话费。

6. 副产品定价策略

在生产加工食用肉类、石油产品和其他化学产品时，常常有副产品。如果这些副产品对某些顾客群具有价值，必须根据其价值定价。副产品收入增多，会使公司更易于对其主要产品制定较低价格，以便在市场上增强竞争力。

（六）新产品定价

新产品定价是企业定价的一个重要方面。新产品定价合理与否，不仅关系到新产品能否顺利地进入市场、占领市场、取得较好的经济效益，而且关系到产品本身的命运和企业的前途。新产品定价可采用撇脂定价策略、渗透定价策略和满意定价策略。

1. 撇脂定价策略

撇脂定价策略又称高价策略或吸脂定价策略，即在产品刚刚进入市场时将价格定在较高水平（即使价格会限制一部分人的购买），在竞争者研制出相似的产品以前，尽快收回投资，并且取得相当的利润。然后随着时间的推移，再逐步降低价格使新产品进入弹性大的市场。一般而言，对于全新产品、受专利保护的产品、需求的价格弹性小的产品、流行产品、未来市场形势难以测定的产品等，可以采用撇脂定价策略。

撇脂定价策略的优点主要有以下三个方面：(1) 新产品上市，顾客对其无理性认识，利用较高价格可以提高身价，适应顾客求新的心理，有助于开拓市场。(2) 主动性大，产品进入成熟期后，价格可分阶段逐步下降，有利于吸引新购买者。(3) 价格高，可防止需求量的增加过于迅速，使其与生产能力相适应。

撇脂定价策略的缺点是：高价不利于扩大市场，并会很快招来竞争者，迫使价格下降。

营销资料 5-4

苹果公司的撇脂定价

苹果公司的 iPad 产品是近年来最成功的消费类数码产品之一，一经推出就获得了成功。苹果的第一款 iPad 零售价高达 399 美元，属于高价位产品，但是有很多“苹果迷”既有钱又愿意花钱，所以还是纷纷购买。苹果的撇脂定价取得了成功。但是苹果公司认为还可以“撇到更多的脂”，于是不到半年又推出了一款容量更大的 iPad，当然价格也更高，定价 499 美元，结果仍然卖得很好，其撇脂定价大获成功。

2. 渗透定价策略

渗透定价策略是指企业在产品上市初期将价格定得很低，以便迅速和深入地进入市场，从而快速吸引大量的购买者，赢得较大的市场份额。较高的销售额能够降低成本，从而使企业能够进一步降价。例如，戴尔公司采用渗透定价法，通过低成本的邮购渠道销售高质量的电脑产品，销售量直线上升，而此时通过零售店销售的 IBM、康柏、苹果和其他竞争对手根本无法和戴尔的价格相比。沃马特、家庭仓库和其他折扣零售商也采用了渗透定价法，它们以低价格来换取高销售量。

高销售量带来更低的成本，而这又反过来使折扣商能够保持低价。一般符合以下条件可以使用渗透定价策略：产品市场规模较大，具有强大竞争能力；产品需求价格弹性较大；通过大批量生产可以降低成本；低价不会引起实际和潜在竞争。

渗透定价策略的优点是：产品能迅速为市场所接受，打开销路，增加产量，使成本随生产发展而下降；低价薄利，使竞争者望而却步，减缓竞争，使企业获得一定市场优势等。渗透定价策略的缺点是：价格较低，资金回收较慢。

3. 满意定价策略

满意定价策略是指新产品投入市场一开始就以适中的、买卖双方均感合理的价格销售的策略。它是介于撇脂定价策略与渗透定价策略之间的策略，一般适用于需求弹性适中、销售量稳定增长的产品。

满意定价策略的优点在于：既便于吸引顾客，促进销售，又稳扎稳打，避免承担亏损风险。缺点是：很难把握双方都感到满意的价格水平。当买主愿意接受较高价格而需求仍旺时，满意定价策略显得保守了，该赚的利润没有赚足；当价格定低些可以进一步扩大销售，以便赚得更多利润时，满意定价策略显得冒进了，同样该赚到的利润没有赚足。

营销资料 5-5

通用汽车的满意定价

通用汽车公司的雪佛兰汽车的定价水平是相当大一部分消费者都承受得起的，其市场规模远远大于愿意支付高价购买的“运动型”轿车的细分市场。这种适中的定价策略，在这种汽车的样式十分流行，甚至供不应求时仍数年不变。为什么呢？因为通用汽车跑车生产线上已经有一种采取撇脂定价策略定价的产品，再增加一种产品是多余的，会影响原来高价产品的销售。将大量购买者吸引到展示厅尝试驾驶的意义远比高价销售能获得的短期利益要大得多。

任务三 选择分销渠道

任务导入

互联网时代家电零售新模式吸睛

海尔专卖店经过20年的发展，如今门店数量已达4万个，区县覆盖达98.7%，人员已达10万人，且每年销售额增长都在21%以上。

海尔专卖店的逆势增长引发业界高度关注。业内专家认为，海尔专卖店做大做强，是缘于其产品好、服务好、体验好，三位一体使得海尔专卖店立于不败之地。因为在互联网时代，消费者最关注的不是在线上线下哪里购买，而依然是谁家的产品好、服务好、体验好。海尔专卖店的模式可谓引领了“互联网+”时代的家电零售新方向，值得业界学习与借鉴。

什么是体验好？那就是让消费者走不了多远就能先试试产品好不好，满意了再买。电商平台的商品便宜，但是不先付款无法体验。而海尔专卖店做到了覆盖“最后一公里”，商业网络的触角延伸到每一个村镇，做到了“有人的地方就有海尔专卖店”。即使在无网时代，渠道消费者也可以同步享受一、二线市场所具有的产品和服务，真正实现从“工厂下线”即“家门口选购”的零中间环节。这种“好邻居天天见”的体验式消费，可让用户在购买前的了解、购买中的体验和购买后的服务等方面都对海尔专卖店产生持续信任，使海尔不仅获得了大批消费者的拥趸，更获得了消费者口口相传的复式传播引爆能量。

任务分析

正确的分销渠道和分销方式，能把产品快速、高效地销售出去，使企业迅速回笼资金，投入下一生产周期；同时消费者也可以方便地就近买到所需的商品。那么，什么是分销渠道？分销渠道有哪些类型？如何设计和管理分销渠道系统才能使市场更有效率呢？

知识对接

一、分销渠道的含义和类型

（一）分销渠道的含义

分销渠道是指产品从制造商到达最终消费者手中的全部过程所经历的途径。

分销渠道是一个很长的链条，一端连接制造商，另一端连接消费者。分销渠道的作用就在于使商品经过这个链条实现其最终使命——满足消费者需求，实现其价值。在整个分销渠道中，中间商为众多商品的分销发挥着中介作用，它们同时也对商品进行仔细分选、集中运输，高效地实现产品在时空上的转移。可见，分销渠道实质上是企业之间形成的相互联系的网络结构，并以此向生产者提供一种让其商品更高效地进入市场的方式，也为消费者购买这些商品提供了一种途径。

理解分销渠道的含义要把握好以下三个要点：

(1) 分销渠道的起点是生产者，终点是消费者或者用户。分销渠道作为产品据以流通的途径，必然是一端连接生产，另一端连接消费，通过分销渠道使生产者提供的产品或劳务源源不断地流向消费者。

(2) 分销渠道是一组路线，是由生产商根据产品的特性组织和设计的。在大多数情况下，生产商所设计的渠道策略要充分考虑其参与者——中间商。

(3) 产品由生产者向消费者转移的过程中，通常要发生几种重要的运动：一是作为买卖结果的价值形式运动，即商流，它是指产品的所有权从一个所有者转移到另一个所有者，直至消费者手中。二是伴随着商流发生的产品实体的空间移动，即物流。此外还伴随着货币流、信息流和促销流等。五种流程如图 5-4 所示。

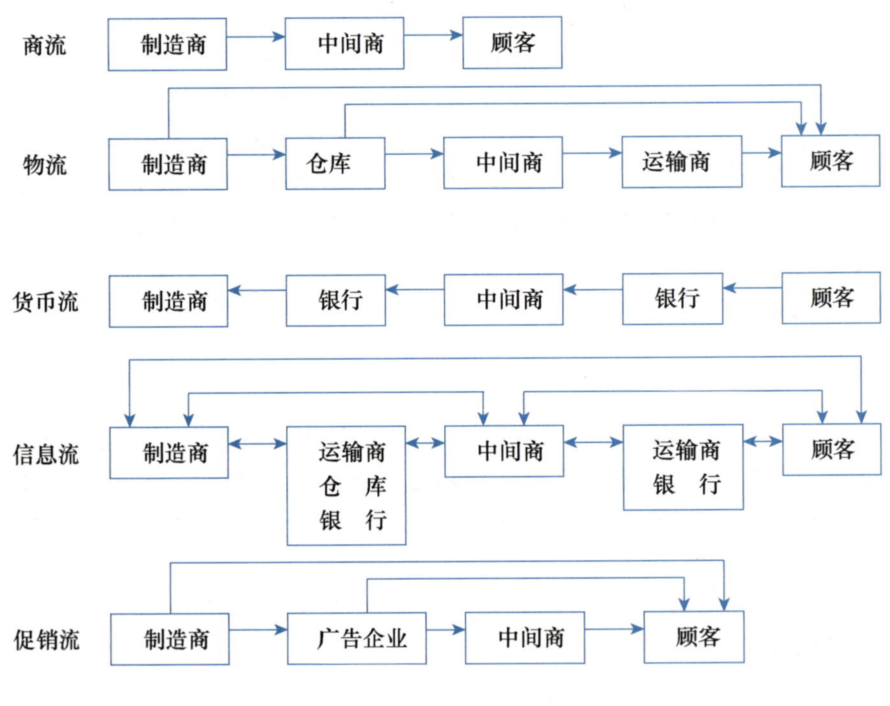

图 5-4 分销渠道中五种不同的流程

(二) 分销渠道的类型

1. 直接分销渠道和间接分销渠道

根据分销过程中有无中间商参与交换活动，分销渠道可以分为直接分销渠道与间接分销渠道。

（1）直接分销渠道。

直接分销渠道是指生产者将产品直接供应给消费者或用户，没有中间商介入。直接分销渠道的形式是：生产者—用户。

直接分销渠道是工业品分销的主要类型。例如，大型设备、专用工具及技术复杂等需要提供专门服务的产品，都采用直接分销渠道；消费品中有的也采用直接分销渠道，如鲜活商品等。企业直接分销的方式比较多，如订购分销、自开门市部销售、联营分销等。

直接分销渠道的优点：1）有利于产、需双方沟通信息，企业可以按需生产，更好地满足目标顾客的需要；2）可以降低产品在流通过程中的损耗；3）可以使购销双方在营销上相对稳定；4）可以在销售过程中直接进行促销。

直接分销渠道的缺点：提高了企业的经营成本，增加了资金耗费及销售的风险。

（2）间接分销渠道。

间接分销渠道是指生产者利用中间商将商品供应给消费者或用户的交换活动。间接分销渠道的主要形式有以下几种：生产者—零售商—消费者；生产者—批发商（代理商）—零售商—消费者；生产者—代理商—批发商—零售商—消费者。

企业通过中间商进行间接分销的方式很多，如厂店挂钩、特约经销、零售商或批发商直接从工厂进货、中间商为工厂举办各种展销会等。

间接分销的优点是：1）有助于产品广泛分销；2）有利于弥补生产者人、财、物等力量的不足；3）可利用中间商对产品的介绍和宣传实现间接促销；4）有利于企业之间的专业化协作。

间接分销的缺点是：1）可能形成“需求滞后差”；2）可能加重消费者的负担，导致抵触情绪；3）不便于直接沟通信息。

2. 长渠道和短渠道

分销渠道的长短一般是按流通环节的多少来划分的，具体包括以下四种：

（1）零级渠道：产品由制造商直接到达消费者。某些制造商不经过任何中间环节，直接与消费者建立联系。

（2）一级渠道：产品由制造商通过零售商到达消费者。一些企业可以从制造商那里购得产品并将这些产品转卖给消费者。

营销资料 5-6

亚马逊的分销渠道

全美最大的网络电子商务公司亚马逊（Amazon. com）公司，自己本身没有生产大量书籍的能力，而是集中销售几乎所有出版商的书籍，消费者可以直接在亚马逊买到他们想买的任何书籍。它仅仅以中间商的身份出现，买家和卖家可以通过其平台实现商品交换。

有些企业可以先成为制造商的批发商、零售商，再寻找合适的代理商，将产品以零售的形式卖给消费者，这样就形成了二级、三级分销渠道。

（3）二级渠道：产品由制造商到达消费者的过程中有两个销售中介机构。在消费者市场，通常是批发商和零售商，即制造商—批发商—零售商——消费者；在产业市场，则通常是销售代理商和零售商，即制造商—代理商—零售商—消费者。

（4）三级渠道：产品由制造商到达消费者的过程中有三个销售中介机构。肉食类食品及包装类产品的制造商通常采用这种渠道分销其产品。在这类行业中，通常有一些专业批发商处于代理商和零售商之间，这些专业批发商从代理商处进货，再卖给无法从代理商处进货的零售商，即制造商—代理商—批发商—零售商—消费者。

综上可见，零级渠道最短，三级渠道最长。如图 5－5 所示。

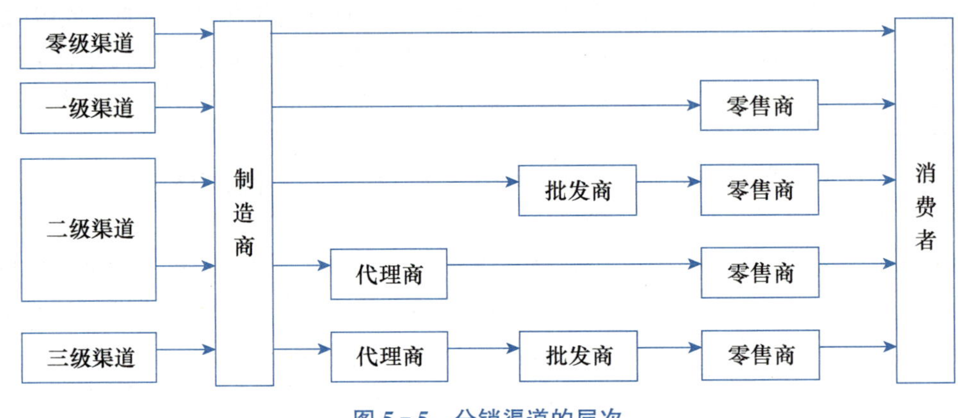

图 5－5　分销渠道的层次

营销资料 5－7

“梦工厂”的二级、三级渠道

美国的梦工厂工作室是一家电影制造商，该公司并不是直接把电影卖给消费者，而是寻找分销合作伙伴，把产品批发出租给这些公司，那些认为电影有价值的各级影院，会租借该电影并转卖给消费者，消费者通过购票去影院看电影的形式来实现消费。

3. 宽渠道和窄渠道

根据企业使用的同类中间商数量的多少，分销渠道可以分为宽渠道和窄渠道。

企业使用的同类中间商数量越多，产品在市场上的分销面就越广，分销渠道就越宽，称为宽渠道。如一般的日用消费品（毛巾、可乐等），通常采用宽渠道分销。宽渠道的优点是能够增加销售网点，提高产品的市场覆盖面，提高市场占有率，通过多数中间商大范围地将产品转移到消费者手中；有利于生产者选择效率高的中间商而淘汰效率低的中间商，提高销售效率。宽渠道的缺点是中间商多，容易引起渠道冲突，生产商需加强渠道控制。

企业使用的同类中间商数量越少，分销渠道越窄，称为窄渠道。窄渠道一般适用于专业性强的产品或贵重耐用的消费品（如劳力士手表）。其优点是对于生产企业来说更容易控制；缺点是市场分销面受到限制，销售规模受限。

根据渠道的宽窄不同，可将分销方式分为以下三种：

（1）密集型分销。

密集型分销是指制造商运用尽可能多的中间商分销，使渠道尽可能加宽。许多生产消耗品的企业会选择密集型分销。例如，零食（糖果、薯片）的制造商及个人洗护用品（沐浴露、洗发水）的制造商，通常会选择在超

微课：分销渠道策略

市、折扣店、便利店等销售其产品；再如，工业用品中的标准件、通用小工具等也适于采取这种分销形式。这种高密度、大尺度的分销方式可以让消费者方便、快捷地买到所需商品，使商品在最短时间内迅速占领市场。

营销资料 5-8

百事可乐的 22 个分销渠道

百事可乐在渠道管理和建设方面建立了一整套解决方案，如被学术界戏称为“天龙八步（谐音‘部’）”的拜访八步骤，还有产品生动化的九大原则，这些都是国内快速消费品行业渠道管理所效仿的典范。

经过多年的渠道整合，百事可乐在中国的目标分销渠道已经细分为下列 22 个：传统食品零售渠道、超级市场渠道、平价商场渠道、食杂店渠道、百货商店渠道、购物及服务渠道、餐馆酒楼渠道、快餐渠道、街道摊贩渠道、工矿企事业渠道、办公机构渠道、部队军营渠道、大专院校渠道、中小学校渠道、在职教育渠道、运动健身渠道、娱乐场所渠道、交通窗口渠道、宾馆饭店渠道、旅游景点渠道、第三方消费渠道、其他渠道。

资料来源：张岩松，徐文飞．市场营销：理论・案例・实训．北京：清华大学出版社，2017．

（2）独家分销。

独家分销是指制造商在一定地区内只选定一家中间商经销或代理产品，是最窄的分销渠道。这种渠道通常只对某些技术性强的耐用消费品或名牌产品适用，如劳斯莱斯汽车。独家分销有利于制造商控制中间商，提高它们的经营水平。但是由于分销商只有一家，分销渠道过窄，制造商的产品市场拓展速度比较缓慢；同时，如果独家分销商经营不善或发生其他意外情况，制造商就要蒙受严重损失。

（3）选择型分销。

选择型分销是指有条件地精选几家中间商进行经营，这种形式对各类产品都适用。它比独家分销销售面宽，有利于扩大销路，开拓市场；又比密集型分销节省费用，较易于控制，不必分散太多的精力。有条件地选择中间商，还有助于加强彼此之间的了解和联系，使被选中的中间商愿意努力提高推销水平，从而收到较好的分销效果。

4. 单渠道和多渠道

根据企业分销渠道的多少又有单渠道和多渠道之分。当企业只用一种分销渠道，如全部产品都由自己门市部销售，或全部交给批发商经销，称为单渠道。当企业根据不同情况采用不同的分销渠道销售，称为多渠道。如在本地区采用直接渠道，在外地则采用间接渠道；在有些地区独家经销，在另一些地区多家分销；对消费品市场采用长渠道，对生产资料市场则采用短渠道；等等。

营销资料 5-9

苹果（Apple）中国的分销渠道

苹果（Apple）中国的分销渠道有以下三种形式：第一，总代理方式。在中国区的总代理共有 4 个，即翰林汇、长虹佳华、方正世纪和佳杰科技。第二，零售终端方式。采取了授权专卖店、卖场连锁店、网上授权零售和直营旗舰店 Apple Shop 四种方式相结合的线路销售苹果产品。第三，经销商方式。苹果授权美承、国美、中关村、卓越等经销商在线上、线下销售 iPhone 手机。

资料来源：吴文娟，李曾逵，王晓云．市场营销理论与实务．南京：南京大学出版社，2016.

二、认知中间商

（一）中间商的含义

中间商是指在生产者与消费者之间参与商品交易业务，促使买卖行为发生和实现的、具有法人资格的经济组织或个人。它是连接生产者与消费者的中介环节。

（二）主要的中间商类型

按是否拥有商品所有权，可将中间商分为经销商和代理商；按在流通过程中所起的不同作用，又可将经销商分为批发商和零售商。此外，广义的中间商还包括银行、保险公司、运输公司、进出口商人、一切经纪人等。

1. 经销商

经销商是指以自己的名义从生产企业进货，在规定的区域内转售商品的中间商。经销商购买商品的目的不是自己消费，而是转手销售。经销商包括批发商和零售商。

（1）批发商。

批发商是指从生产企业购进产品，然后转售给零售商、产业用户或各种非营利组织，不直接服务于个人消费者的中间商。批发商在商品经销中发挥着非常重要的作用。

查一查，说一说 批发商都有哪些类型？

（2）零售商。

零售商是指将商品直接销售给最终消费者的中间商，它是相对于生产者和批发商而言的，处于商品流通的最终阶段。零售商的基本任务是直接为最终消费者服务，它的职能包括购、销、调、存、加工、拆零、分包、传递信息、提供销售服务等。在时间、地点与服务方面，零售商能够方便消费者购买，是联系生产企业、批发商与消费者的桥梁，在分销渠道中具有重要作用。

小思考 列举你见过的零售商。

2. 代理商

代理商是指受生产企业委托，负责代理委托企业订单搜集、商品销售以及销售有关事务办理的中间商。其明显特征是不拥有产品的所有权，只收取相应的佣金。

3. 经纪人

经纪人俗称掮客，既无商品所有权，也不持有和取得现货，其主要职能在于为买卖双方牵线搭桥，协助谈判，促成交易，由委托方付给佣金，不承担产品销售的风险。经纪人一般都是专业化的，专门经营某一方面的业务。经纪人多见于房地产业、证券交易以及保险业务、广告业务等。

填一填 通过对上述三类中间商的了解，请在表5-2中总结它们之间的区别。

表5-2

类型	商品所有权	利润来源	销售风险	业务特点
经销商				
代理商				
经纪人				

（三）选择中间商的原则与条件

1. 选择中间商的原则

（1）进入目标市场的原则。

让目标市场消费者方便地就近买到企业的产品，这是选择中间商的最基本原则。因为企业选择中间商的目的就是要将自己的产品打入目标市场，方便消费者购买。因此，企业在选择中间商时，应了解中间商是否在企业产品的目标市场拥有销售渠道及销售场所。

（2）角色互补的原则。

这是指所选择的中间商应当在经营方向和专业能力方面与企业形成互补，既角色分工明确，又能弥补企业在产品销售方面的劣势。

（3）同舟共济的原则。

分销渠道作为一个整体，只有所有的渠道成员具有合作愿望，同舟共济，才能建立起一个有效的分销渠道。在选择中间商时，要分析中间商参与有关商品分销的意愿，以及与其他渠道成员合作的态度等。这是最难实现却最重要的原则。

（4）形象匹配的原则。

中间商的形象要与企业的形象相匹配，不能有损本企业形象，这一点对于拥有卓越品质的企业来说尤为重要。

2. 选择中间商的条件

（1）中间商的市场范围。

市场是选择中间商最关键的因素。首先，中间商的经营区域要与产品的预计销售地区一致；其次，中间商的销售对象必须是生产商的潜在消费者，这是最根本的条件，因为生产商都希望中间商能打入自己已确定的目标市场，并最终说服消费者购买自己的产品。

（2）中间商的产品政策。

中间商的产品政策主要体现为中间商承销的产品种类及其组合情况。选择中间商时一要看中间商有多少产品线（供应来源）；二要看各种经销产品的组合关系，是竞争产品还是促销产品，若企业产品的竞争优势明显就可以选择销售竞争者产品的中间商。

（3）中间商的地理区位优势。

零售中间商最理想的区位应该是顾客流量较大的地点；批发中间商的选择则要考虑它所处的位置是否利于产品的批量储存与运输，通常以交通枢纽为宜。

（4）中间商的经验。

生产企业应根据产品的特征选择有经验的中间商，这样有助于很快地打开销路。

（5）预期合作程度。

中间商若与生产企业合作得好，就会积极主动地推销企业的产品，对双方都有益处。生产企业应根据产品销售的需要确定与中间商合作的具体方式，然后再选择最理想的合作中间商。

（6）中间商的财务状况及管理水平。

财务状况决定了中间商能否按时结算、在必要时能否预付货款。企业销售管理是否规范、高效，关系着中间商营销的成败。

（7）中间商的促销政策和技术。

采用何种方式推销商品及运用促销手段的能力直接影响着销售规模，选择中间商必须对其市场促销政策和技术做全面评价。

（8）中间商的综合服务能力。

综合服务能力包括售后服务能力、技术指导或财务帮助（如赊购或分期付款）能力、运输存储能力等。中间商所能提供的综合服务项目与服务能力应与企业产品销售所需要的服务要求相一致。

三、设计和管理分销渠道

（一）设计分销渠道

1. 设计分销渠道的含义

设计分销渠道是指新建分销渠道或对已有的分销渠道进行调整的营销活动。主要是确定采取什么类型的分销渠道，是自销还是通过中间商分销，即设计渠道的长度。如果决定采用中间商分销，还要进一步决定选用什么类型的中间商、中间商的数量等，即设计渠道的宽度。

2. 影响分销渠道设计的因素

（1）产品因素。

选择分销渠道的长度、宽度时，首要考虑企业产品的价格高低、理化特点、时尚性、技术特点、标准化程度高低及生命周期等方面。如表 5－3 所示。

表 5－3　产品因素对渠道的影响

产品因素	长、宽渠道	短、窄渠道
单价高低	低	高
体积、重量	小、轻	大、重
耐用性	耐碰、耐藏、时效长	易腐、易毁、易过时
技术性、服务要求程度	低	高
款式	不易变	易变
标准化程度	高	低
产品生命周期	成熟期后	刚上市

(2) 市场因素。

分销渠道长度、宽度的选择受到诸多市场因素的影响，如企业的市场范围大小、顾客的集中程度、购买量大小、购买频率高低及市场的季节性、竞争性等。如表 5-4 所示。

表 5-4　市场因素对渠道的影响

市场因素	长渠道	短渠道	宽渠道	窄渠道
市场范围	大	小	大	小
顾客集中程度	低	高	低	高
购买量、频率	购买量小、频率高	购买量大、频率低	购买量小、频率高	购买量大、频率低
市场季节性	弱	强	—	—
市场竞争性	一般采取与竞争对手相近或相似的渠道策略			

(3) 企业因素。

选择分销渠道长度、宽度，还要考虑企业规模和声誉、企业经营能力和管理经验、产品组合及企业控制渠道的愿望等因素。如表 5-5 所示。

表 5-5　企业因素对渠道的影响

企业因素	长渠道	短渠道	宽渠道	窄渠道
企业规模和声誉	弱	强	—	—
企业经营能力和管理经验	弱	强	—	—
产品组合深度、广度、关联性	深度大、广度小	深度小、广度大	关联性弱	关联性强
企业控制渠道的愿望	弱	强	弱	强

(4) 中间商因素。

分销渠道长度、宽度的选择要受到合作的可能性、中间商合作费用高低及中间商提供服务的优劣等因素的影响。如表 5-6 所示。

表 5-6　中间商因素对渠道的影响

中间商因素	长、宽渠道	短、窄渠道
合作的可能性	高	低
中间商费用	低	高
中间商服务	优质	不优质

(5) 环境因素。

分销渠道长度、宽度的选择受到经济、法律等环境因素的影响。在经济环境方面：经济萧条、衰退时，企业往往采用短渠道；经济形势好时，可以考虑采用长渠道。在法律环境方面：如专卖制度、进出口规定、反垄断法、税法等都影响着企业分销渠道的设计。

实战范例 5-5

苹果直营店每平方米年销售额近 50 万元

苹果目前在全球拥有大约 500 家直营店，大部分位于各个国家大城市的黄金地段。eMarketer 最新调查报告显示，苹果直营店依然保持着实体店吸金能力全球第一的称号，平均每平方英尺（1 平方英尺=0.093 平方米）销售额 5 546 美元，2011 年时苹果这一指标曾达到 5 600 美元/平方英尺。

作为对比，卖酸奶冰激凌的 Reis&Irvy 这一指标是 3 970 美元/平方英尺，便利店 MurphyUSA 是 3 721 美元/平方英尺，而顶级珠宝供应商 Tiffany 则是 2 951 美元/平方英尺。

业内人士认为，苹果直营店单位面积销售额如此之高，是因为苹果的实体店已经成为业界标杆，Apple Store 也在不断进化，逐渐从单纯的销售、维修、培训场所转变为当地社区的交流、教育集散地。

资料来源：中关村在线．苹果直营店太赚钱，一平方米一年销售额近 50 万元．(2017-07-29)[2020-06-30]．https://baijiahao.baidu.com/s?Id=1574225196645580&wfr=spider&for=pc.

3. 设计分销渠道的基本步骤

分销渠道的设计过程一般可分为以下几个步骤：分析顾客需要、明确渠道目标与限制、确定主要渠道方案、评估各主要渠道选择方案。

（1）分析顾客需要。

企业在设计渠道时，首先要考虑顾客的需要，再考虑是否有资源或技术来满足顾客需要，然后在顾客需要、可行性、运作成本及顾客可接受的价格之间寻找一个平衡点。以奶制品为例，要了解当地消费者习惯于消费保鲜奶还是常温奶、每次购买数量、对哪些品项的乳制品有消费偏好、习惯于在哪些销售渠道购买牛奶等。

（2）明确渠道目标与限制。

渠道目标是指企业预期达到的顾客服务水平，以及中间商应执行的职能。渠道设计的中心问题是确定到达目标市场的最佳途径，每一个生产者都必须在顾客、产品、中间商、竞争对手、企业效果和环境等因素的限制下确定其渠道目标。

（3）确定主要渠道方案。

1）确定中间商的类型。

企业必须识别、明确适合自己产品的分销模式和类型是直接渠道还是间接渠道。通常的选择有以下几种：企业销售人员，即企业扩大自己的直接销售人员队伍，利用自己的销售人员联系顾客、销售产品；生产商的代理机构，即企业通过经销来自不同企业的相关产品的独立公司销售产品；行业销售商，即企业通过在相关行业或地区寻找愿意销售企业产品的销售商来销售产品。

2）确定每一层次渠道上的中间商数目。

确定每一层次渠道上的成员即中间商的数目，可以选择密集型分销、选择型分销和独家分销。其中，密集型分销是使企业的产品在尽可能多的零售商店销售，独家分销是在某一地区只选择一家中间商销售企业的产品，选择型分销使用中间商的数目介于上述两者之间。

3）界定渠道成员的责任。

生产商与中间商要在相关的渠道成员的权责方面达成协议：在分销产品的价格政策、销售条件、区域权利以及各方应提供的服务等方面取得一致。在未来的渠道运作中，各渠道成员要严格按照达成的协议，在承担相应责任的前提下，拥有相应的权利，获得应有的利益。

(4) 评估各主要渠道选择方案。

企业对各主要渠道选择方案的评估，可以采用经济性、控制性与适应性标准。

1）经济性标准。

每一种渠道方案都将产生不同水平的销售额和成本。建立有效的分销渠道，企业必须考虑两个问题：一是在成本不变的情况下，采用哪种分销渠道会使销售额达到最高；二是在销售量一定的情况下，采用哪种分销渠道成本最低。

2）控制性标准。

由于中间商是独立的企业，有自己的利益追求，所以，使用中间商时企业要考虑渠道控制的问题。如果生产企业不能对分销渠道运行有一定的主导和控制，分销渠道中的实物流、所有权流、付款流和信息流等就不能顺畅有效地运行。相对而言，企业自己销售比使用中间商更有利于对渠道的控制。

3）适应性标准。

企业要考虑分销渠道对未来环境变化的能动适应性，即应变能力，不能有效变化的渠道是没有未来的。企业在与中间商签订长期合约时要慎重，因为如果在合约期内不能根据需要随时调整渠道，会使渠道失去灵活性和适应性。所以，对企业来说，涉及长期承诺的渠道方案，只有在经济效益和控制力方面都十分优越的条件下，才可以考虑。

（二）管理分销渠道

管理分销渠道是指制造商为实现公司分销的目标，对分销渠道成员进行协调与控制的活动，其目的在于与渠道成员共同谋求最大化的长远利益。渠道管理主要体现在选择渠道成员、激励渠道成员、评估渠道成员、调整分销渠道等方面。

1. 选择渠道成员

生产者选择渠道成员应注意以下条件：能否接近企业的目标市场；地理位置是否有利；市场覆盖有多大；中间商对产品的销售对象和使用对象是否熟悉；中间商经营的商品大类中，是否有相互促进的产品或竞争产品；资金多少，信誉高低；营业历史的长短及经验是否丰富；拥有的业务设施，如交通运输、仓储条件、样品陈列设备等情况如何；从业人员的数量多少，素质的高低；销售能力和售后服务能力的强弱；管理能力和信息反馈能力的强弱等。

2. 激励渠道成员

激励渠道成员措施

企业要经常激励中间商，激发其销售积极性。例如，生产者对中间商的评估不仅应从自己的角色出发，还应设身处地为别人着想；对于业绩好的渠道成员给予相应激励，但也要避免激励过度，不能出现给中间商的条件过于苛刻或过于优惠等情况。

小思考 激励渠道成员的措施。

3. 评估渠道成员

企业必须定期地、客观地评估渠道成员的绩效。如果某一渠道成员的绩效过分低于既定标准，则需找出主要原因，考虑可能的方法来补救；绩效达到标准应按规定进行奖励。

4. 调整分销渠道

企业需要根据实际情况、渠道成员的实绩，对渠道结构加以调整，主要包括以下三种方式：增减渠道成员；增减渠道；调整全部渠道。

（1）增减渠道成员。

这是指在某一分销渠道模式里增减个别中间商，而不是增减各种渠道模式。制造商决定增减个别中间商时，需要做经济效益分析，要考虑增减某个中间商对企业的盈利是否有影响、是否会引起渠道其他成员的反应、其他成员的销售是否会受影响等。制造商决定渠道成员增减时必须充分考虑这些情况，以便采取相应的措施，防止出现不必要的矛盾。

（2）增减渠道。

这是指增减某一渠道模式，而不是增减渠道里的个别中间商。当制造商利用某一分销渠道销售产品不理想时，或者市场需求扩大而原来的渠道不能满足需求时，或者一方面生产者所利用的分销渠道销售量低下，而另一方面市场的需求又未满足时，制造商就要考虑增加或减少渠道，或者在减少某种渠道的同时又增加某种渠道。

（3）调整全部渠道。

这是指制造商对所利用的全部渠道进行调整。如直接渠道改为间接渠道，单一渠道改为多渠道等。这种调整是最困难的，它不仅会改变全部销售渠道，而且还会涉及营销组合因素的相应调整和营销策略的改变。制造商对全部渠道的调整要特别谨慎，要进行系统分析，以防考虑不周影响企业的销售全局。

实战范例 5-6

董明珠带领 3 万门店探索“新零售”模式

在新冠肺炎疫情影响下，空调的终端销售和安装几近停滞。奥维云网数据表明，2020 年一季度“白电”整体零售额降幅约 45%，其中空调零售量同比下降 46.6%。与线下冰冷境遇相反，“直播带货”成为火爆全网的销售方式，而经历三次直播的格力通过本次六一品牌日活动，开启了线上线下相结合的新营销模式探索。

董明珠曾表示，格力有 3 万家专卖店，关乎上百万人的就业问题。“我现在定义‘新零售’是线上线下的完美结合，要让格力 3 万家专卖店的经销商改变过去的思维、服务理念、服务行为，跟上这个时代。同时把专卖店变成一个体验店，让消费者可以在这里相互交流。”也就是说，提供“零距离”服务是格力推行“新零售”的目标所在。

直播当天，格力各区域销售公司展开线上销售竞赛。在直播主舞台的一侧，实时销售排名在屏幕上不断闪动，经销商的积极性高涨。来自湖南娄底的格力经销商谭步楼在直播连线中介绍了自己的经营故事。从1999年经营格力专卖店到今天，他从每年140万元的销售额做到现在每年1.2亿元销售额，从经营一家40平方米的小店开始，到现在开了3家专卖店，其中还有一间颇具规模的“格力智慧生活美学馆”。“今天，我们又面临很多包括直播在内的新的营销方式，也有很多困惑，但是我们一定能够坚持创新，和3万家门店一起走出新道路，坚持做好格力。”谭步楼说。

据了解，从1997年湖北销售公司建立至今，格力已拥有27家区域销售公司，布局了超过30 000家专卖店、60 000家服务网点，构建起了高效沟通格力与消费者的线下渠道，同时规范了空调市场的竞争秩序。2019年，网络分销商城“格力董明珠店”上线，为员工与线下经销商创造了统一的服务平台，以高质量服务促进品牌竞争力的提升。

《2020年政府工作报告》强调了互联网推动制造业升级的重要意义和目标：“电商网购、在线服务等新业态在抗疫中发挥了重要作用，要继续出台支持政策，全面推进‘互联网+’，打造数字经济新优势。”而对于格力来说，新的营销模式能够增进消费者与品牌的沟通交流。

疫情期间，线上服务弥补了线下渠道无法提供用户体验的短板，“格力董明珠店”也成为方便消费者购买格力优质产品的“绿色通道”。“从前，不走进格力专卖店就很难扭转格力等于空调的固有印象，而且专卖店的展示能力也是有限的。开辟线上渠道，能够让更多年轻的‘后浪’认识格力，了解制造业。”

资料来源：格力官网. 董明珠再次“营销变革”线上线下联动直播创65.4亿新纪录. (2020-06-02) [2020-07-04]. https://www.gree.com/Article/view/d4ee3b9fa06c4c1da71b0c14158cdba4.

任务四 制定促销策略

任务导入

繁花似锦五月天，欢乐假期乐无限

兴隆商场推出五一节日主题活动：“繁花似锦五月天，欢乐假期乐无限”。活动时间：2019年5月1日—5月5日。

活动内容：为在五一黄金周提升商场的人气，创造销售佳绩，特举办“五月购物赠大礼，欢乐假期全家游”即购物赠五一情侣、全家旅游套票活动。

实施细则：(1) 2019年5月1日—5月5日，凡当日累计消费正价商品满5 000元的顾客，凭发票及有效证件登记即可获得五一旅游两人情侣套票一张（不累计赠送）。(2) 凡当日累计消费正价商品满6 000元的顾客，凭发票及有效证件登记即可获得五一全家旅游标准套票（限三人）一张（不累计赠送）。(3) 凡当日累计消费正价商品满7 000元的顾客，凭发票及有效证件在相应品牌专柜登记即可获得五一全家旅游套票（限四人）一

张（不累计赠送）。

注：此次活动包括在本商场里所有的消费总额（会员卡只积分不打折），厂家自愿参加，不参加厂家需参加打折促销活动，本商场不承担费用。顾客旅游费用在购物 5 000～20 000 元消费金额前提下产生，厂家承担费用仅相当于商品打折额度 8.5 折，较通常节日打折促销活动费用少且促销效果显著。

任务分析

市场竞争日趋激烈，各种各样的促销方式、促销活动无不显示出促销在市场营销中的重要性。那么，如何开展促销活动才能获得更好的效果呢？

知识对接

一、选择促销组合方式

（一）促销的含义

促销是指企业以各种有效的方式向目标市场传递有关信息，以启发、推动或创造对企业产品和服务的需求，并引起购买欲望和购买行为的综合性策略活动。

促销实质上是一种信息沟通活动，企业通过人员和非人员的方式，沟通企业与消费者之间的产品信息，引发、刺激消费者的购买兴趣和欲望，并促使其产生购买行为。促销活动的最终目标是促使消费者购买企业的产品或服务。

促销的核心是沟通信息，目的是提升品牌形象，刺激消费者产生购买欲望。促销的方式有人员促销和非人员促销两大类。

小思考 促销在企业营销活动中具有哪些作用？

（二）促销组合

1. 促销组合的含义

促销组合是指企业在促销活动中将人员推销、广告促销、公共关系和营业推广等各种促销方式有机结合、综合运用，以实现更好的整体促销效果。不同的促销方式有不同的特点和成本，企业要根据自身需求和产品的特点选用恰当的促销组合，如图 5－6 所示。

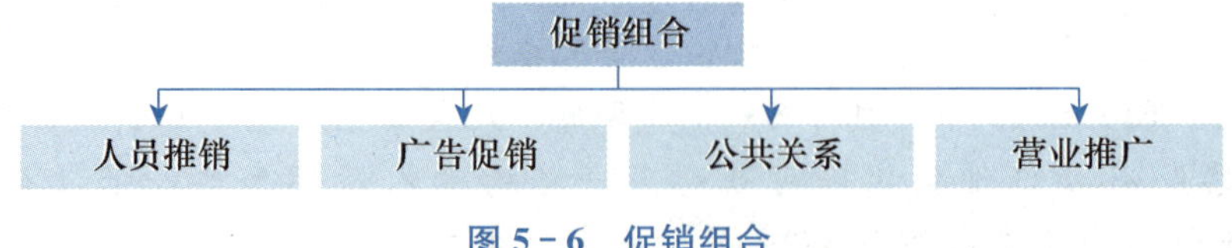

图 5－6 促销组合

营销资料 5－10

“外卖骑手”摇身变成行走的广告牌

也许是突发奇想，也许是策划已久，美团外卖在其外卖骑手的头盔上加装耳朵变成了网友关注的焦点。随后饿了么、麦当劳外送麦乐送也加入了为骑手进行头盔装饰的潮流当中。

就在前几天，骑手头盔装饰再次登上了微博热搜。原来，美团官微翻牌了一个拥有多个“耳朵”的外卖骑手配送视频，并评价该外卖骑手是“传说中的人间向日葵”。

在翻牌的第二天，美团外卖任性地宣布了“我们是一个袋鼠耳朵加工厂”这一消息，并发布了多张“耳朵”海报。比如“美团，重新定义耳朵”“你的下一个耳朵，何必是耳朵”等。除线上翻牌外，配合“耳朵”的火爆，美团外卖已经开始在礼品店售卖“开创性治愈设计”袋鼠耳朵周边。

点评：网友对骑手“耳朵”的关注已不是一天两天，借网友喜好，美团外卖将“耳朵”一梗到底。用“耳朵”提升消费者关注度，用“耳朵”升温品牌热度，在未来“耳朵”也许会成为美团外卖重要的特点，堪比行走的广告牌。

资料来源：成功营销. “外卖骑手”摇身变成行走的广告牌.（2020－07－31）［2020－08－01］. https://www.sohu.com/a/410755228_119248.

2. 影响促销组合的因素

（1）产品性质。

不同性质的产品，购买要求和使用特点不同，需要采取不同的促销组合。一般按产品的不同性质把产品划分成工业品和消费品两大类。二者相比较，消费品更多地使用广告，工业品则更多地使用人员推销。另外，无论是工业品还是消费品，营业推广、公共关系这两种形式几乎可以被工商企业随时采用。

（2）产品的不同生命周期阶段。

产品所处的生命周期阶段不同，面临的市场环境和企业的促销目标就不同，所以促销手段的配合结构也有所不同。

（3）市场性质。

从不同的角度看市场，市场会呈现不同的特点，市场的特点不同，应采用的促销组合也不同。从市场的顾客数量及市场的集中程度来看，如果产品的目标市场集中或不同类型的潜在顾客数量不多，人员推销的作用就会得到充分发挥，而且能够节省广告费用。如果销售市场的范围广阔，分散于全国各地，或不同类型的潜在顾客数量很多，就应以广告宣传为主，大量采用人员推销则无法适应广泛的市场需求。

（4）企业情况。

企业的规模与资金状况不同，就应该采用不同的促销策略组合。一般情况下，小型企业资金力量弱，支付大量的广告费用比较困难，就应该以人员推销为主；大型企业有规模效应、产品数量多、资金雄厚，有能力使用大量的广告对消费者施加影响，就应该以广告促销为主、人员推销为辅。

3. 选择促销组合策略

（1）“推式”策略。

该策略以推销为核心思想，生产企业可运用人员推销和销售促进方式积极地将产品推销给批发商，再由批发商推销给零售商，最终由零售商向消费者进行推销。该策略的目标是使中间商产生“利益分享意识”，促使它们向那些有购买意愿，但却没有明确品牌偏好的消费者推销本企业产品。

一般情况下，“推式”策略适用于单位价值较高、性能复杂、需要做示范的产品，根据用户需求特点设计的产品，流通环节少、流通渠道较短的产品，以及市场比较集中的产品等。如图 5－7 所示。

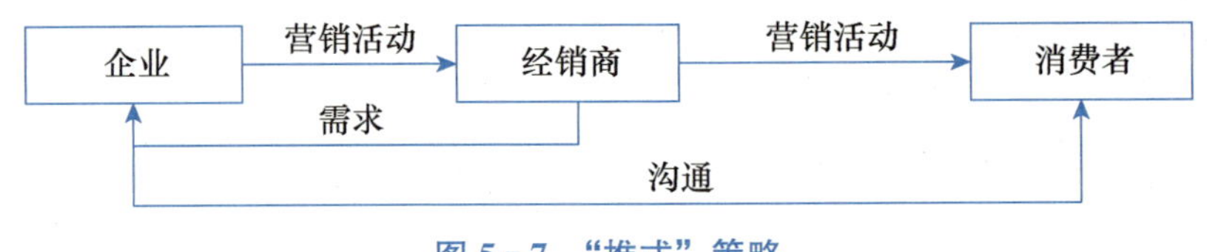

图 5－7 “推式”策略

（2）“拉式”策略。

不同于“推式”策略，本策略需要生产企业首先依靠广告、公共关系等方式，引起潜在消费者的注意，使之产生购买的欲望和行为，当消费者开始向中间商询购本企业产品时，中间商自然会找到生产厂家积极进货。

一般情况下，对单位价值较低的日常用品，流通环节多、流通渠道较长的产品，市场范围较广、市场需求较大的产品，常采用“拉式”策略。如图 5－8 所示。

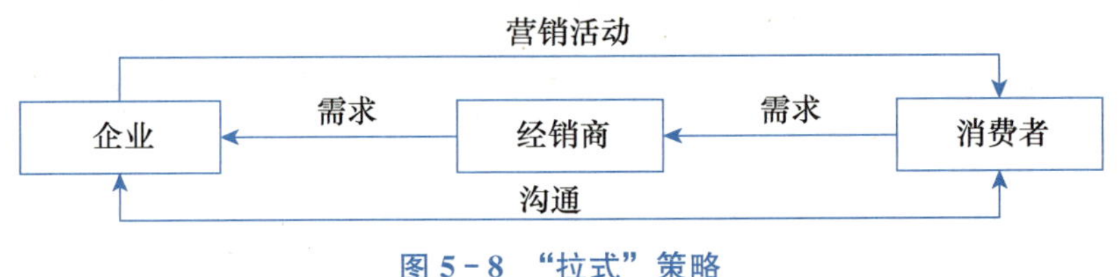

图 5－8 “拉式”策略

二、人员推销

（一）人员推销的含义

人员推销是指企业推销人员直接对顾客进行介绍、说服以及解答工作，促使顾客了解、偏爱本企业的产品，进而采取购买行为的一种促销方式。在人员推销活动中，推销人员、推销对象和推销品是三个基本要素，前两者是推销活动的主体，后者是推销活动的客体。企业通过推销人员与推销对象之间的接触、洽谈，使推销对象购买推销品，达成交易，实现既销售产品，又满足顾客需要的目的。

（二）人员推销的基本形式

1. 上门推销

上门推销是指推销人员携带商品的样品、说明书及订单等直接走访顾客，对顾客进行一对一的针对性营销。这样能够及时发现顾客需求，达到促使顾客当场购买、有效服务顾客的目的，对顾客而言十分方便快捷，故而被广泛认可。

2. 柜台推销

柜台推销又称为门市推销，即企业选取适当位置设置固定门市，并由固定的营业员接待顾客，对产品进行销售促进。这种销售方式与人员推销的不同之处在于它是等待顾客上门的推销形式，能够全面地展示企业产品，满足顾客多种需求，并保证产品质量无缺，因此，这种销售方式更受顾客欢迎。

3. 会议推销

微课：会议推销

会议推销即通过各种形式的会议将企业的产品向与会人员进行宣传介绍，进行推销促进活动。这种销售促进形式推销集中、推销面广，可以达到多个推销对象同时购买的销售效果，成交量及成交额都很显著。会议推销最具代表性的形式是展会推销。

（1）展会的特点。

1）在同一时间、同一地点使某一行业中最重要的厂商和购买者集中到一起。

2）各种展会，如展览会、博览会、交易会等充分利用人体感官，人们通过展会能够对产品形成全面深刻的认知。

3）展会是一个中立的场所，不属于买卖任何一方，这种环境易使人们产生独立感，从而以积极、平等的态度进行谈判。这种高度竞争而充分自由的氛围有助于企业开拓市场。

（2）企业参加展会的好处。

企业通过展会这种渠道，可迅速全面地了解市场行情和行业发展趋势，同时介绍、试销新产品，推出新品牌，树立、维护企业形象，寻找新顾客，物色分销商或合作伙伴，达到开发市场、占领市场的目的。

（3）企业选择展会应考虑的因素。

1）要考虑展会性质。从不同角度可对展会进行不同的分类。按展览目的可分为形象展和商业展；按行业设置可分为行业展和综合展；按观众构成可分为公众展和专业展；按贸易方式可分为零售展和订货展；按展出者可分为综合展、贸易展和消费展，如表5-7所示。

表5-7 按展出者分类的展会

种类	展出者	参观者	内容	目的	入场方式
综合展	制造商 贸易商 零售商	企业经营者 公众	工业品 消费品	贸易 零售	购票
贸易展	制造商 贸易商	制造商 贸易商	工业品 消费品	贸易	登记
消费展	零售商为主	公众	消费品	零售	购票

2）要考虑展会的知名度。应选择知名度高、影响大的展会参展。

3）要考虑展会的具体内容。

4）要考虑时间，即产品生命周期阶段。在导入期、成长期展出会事半功倍，在成熟期则可能事倍功半，衰退期往往劳而无功。

5）要考虑地点，即展会的主办地和周边辐射地区是否为自己的目标市场，是否有潜在购买力。

6）要考虑成本及收益。可联合其他企业组团参展以降低成本。

（4）企业参展应做的工作。

1）企业若参展，应精心准备，要按针对性、代表性、独特性的原则选择有吸引力的展品。

2）要选择适当的展示方式，如配图表、照片、资料、模型，借助道具、视听设备、模特或讲解员加以口头说明，安排操作演示、专场表演，甚至让观众亲自动手体验等。

3）要设计好展台，使展台既与整体的贸易气氛相协调，又有很强的视觉冲击力，能吸引观众注意力，能反映出展示者的形象，能有效地衬托展品、突出展品，并且能提供会谈、咨询、阅读资料、休息、娱乐等功能环境。

4）要选拔、配备适当数量、高素质的展台人员，并加强现场培训，如专业知识、产品性能、演示方法等的培训。展台人员要结合展品特点灵活应对，展品如果是新产品，应宣传其与众不同之处；如果是大众消费品，应着力树立品牌形象，在消费者中形成亲和力。

5）企业应积极主动做好宣传工作，可采取发邀请函、登门拜访、通过传媒做广告、现场宣传、派发资料和纪念品、组织游戏抽奖等手段吸引观众。

（三）推销人员必备素质

1. 全面了解所代表企业

推销人员要熟知企业的发展历史，掌握企业文化，了解企业历年运营状况，这样在对顾客进行产品营销时才更有利于获取顾客的信任。同时，推销人员应能够灵活运用和解释企业的经营目标与经营性策略，运用市场统计材料向顾客解释企业地位，树立企业的良好形象。

2. 应该是产品专家

由于推销人员是直接对顾客进行产品推介，所以必须十分了解产品的性能、特性、使用方式、维修形式等产品信息，同时必须掌握产品的成本费用与出厂价格等，并了解产品种类、设备状况、定价原则、交付方式、库存与运输及市场状况。总而言之，就是必须对产品实现从设计到生产到销售的全过程掌握。

3. 掌握顾客情况

推销人员进行产品推销时最核心的过程就是分析顾客心理，了解顾客对产品的需求，深入剖析顾客购买产品的可能性与购买决策权归属，从而采用针对性销售策略，达成销售目的。

4. 掌握相关业务知识

推销人员掌握的相关业务知识主要包括营销策略、市场供求状况、潜在顾客的分布情况、购买动机、购买能力、相关法规等。

5. 具备良好的文化素质

人员推销效果的好坏取决于推销人员素质的高低，文化差异成为推销人员同行竞争的焦点，故而推销人员必须具备多方面的知识。此外，推销人员要不断充实自己，博学多才，这样在同顾客进行交流时才能时刻把握顾客心理，促使销售成功。

6. 具备相应的法律素质

推销人员在进行推销活动时应时刻注意自身行为是否符合法律规定，要在合法的范围内对顾客进行合理的推销活动。

（四）人员推销的程序

1. 寻找顾客

寻找可能购买的顾客，这是第一步。可上网查找工商企业名录、电话号码等，也可做广告征询，通过朋友、老客户介绍，以及通过社会团体与推销人员之间的协作间接寻找顾客，并评估他们的信用和财务支付能力。

2. 做好准备

约见顾客之前，必须了解三方面的情况：（1）企业产品的特点、用途及企业简况介绍。（2）顾客所在企业的一般情况、准备约见人员的大概情况。（3）竞争对手产品的特点、竞争能力、竞争地位，做到知己知彼，心中有数。

3. 约见访谈

要选择适宜的约见方式与约见时间。约见时，要仪容整洁、谈吐文雅，要尊重对方，给人一个好印象，为后面转入正题做好准备，为成交创造一个良好的开端。

4. 介绍和示范

可通过展示产品样品或图片、视频、宣传册等进行讲解与示范。在介绍产品时，要着重说明该产品能够为顾客带来什么利益，并进行产品的使用示范，以增强顾客对产品的信心。

5. 处理异议

在推销过程中，顾客常常会提出不同意见。要善于倾听反对意见，掌握与持有异议的买方洽谈的技巧，要运用适当的措辞和证据，对症下药，消除顾客的疑虑，促成交易。

6. 成交

成交是推销人员接受买方订货购买的阶段。在洽谈过程中，推销人员要随时给予对方成交的机会。在介绍过程中或排除异议之后，若从顾客的动作、语言中发现可以成交的信号，应立即抓住时机签约成交。此外，为促成交易，推销人员可提供一些优惠条件。

7. 售后追踪

交易达成后，推销人员要认真执行订单中所约定的条件，如按时交货和安装维修以及后续的回访，帮助顾客解决问题，建立长期的互惠合作关系，以吸引新的顾客。

实战范例 5-7

世界上最伟大的销售员

乔·吉拉德连续 12 年荣登《吉尼斯世界纪录大全》世界销售第一的宝座，他所保持的世界汽车销售纪录——连续 12 年平均每天销售 6 辆车，至今无人能破。乔·吉拉德生于贫穷，长于苦难，通过不懈奋斗和努力终于成为世界上最伟大的销售员，也是迄今唯一荣登汽车名人堂的销售员。

乔·吉拉德创造了5项汽车零售吉尼斯世界纪录：(1) 平均每天销售6辆车；(2) 最多一天销售18辆车；(3) 一个月最多销售174辆车；(4) 一年最多销售1 425辆车；(5) 在12年的销售生涯中总共销售了13 000辆车。

三、广告促销

(一) 广告的含义

广告是指由明确的广告主付费，为了达到特定目的而发起的，利用大众媒体有计划地向目标对象传递有关产品和劳务信息的所有活动。按照美国市场营销协会(AMA) 的定义，广告是“由特定广告主以付费方式对于构思、产品或劳务的非人员介绍及推广”。

(二) 广告的种类

广告的种类可以根据不同的标准来划分。首先应当区分广告的性质是营销业务广告还是非营销业务广告。一般非营销业务广告是不以营利为目的的广告，又称效应广告，主要目的是推广；而通常我们所说的广告都是指营销业务广告，也就是经济广告，也可以说是营利（商业）广告，是一种促销手段。市场营销学研究的就是营销业务广告，对营销业务广告的分类也是从经济角度着眼的，一般有以下三种分类标准。

1. 按广告的内容分类

(1) 商品广告。这是企业为了推销商品而做的广告，它的内容主要是介绍商品，属于告知性的宣传方式。

(2) 企业广告。企业广告是直接为树立企业形象服务的，有关公共关系和公共利益的广告都属于这类广告。

2. 按广告的目标分类

(1) 开拓性广告。又称报道性广告，一般是帮助某一类新产品引起“初级需要”的广告。这种广告的主要内容是向顾客提供新产品的质量、花色、品种、用途、价格等情况，协助新产品进入目标市场。在产品的试销期，这种广告的作用是显著的。

(2) 劝导性广告。又称竞争性广告，一般是对已进入成长期或成熟期的某类商品采用的广告。目的是唤起顾客对本企业商品的注意，使其产生“选择性需求”。

(3) 提醒性广告。又称备忘性广告，一般是对已进入衰退期的商品，为了提醒消费者不忘掉这种商品而采用的广告。

3. 按广告的传播区域分类

(1) 全国性的广告。指广告的信息传播能覆盖全国，借此广告能激发全国性的消费者对广告产品产生需求。

(2) 地区性的广告。指广告的信息传播只能覆盖部分地区，借此广告只能激发部分地区的消费者对广告产品产生需求。

(三) 广告媒体

广告媒体，也称广告媒介，是指传递广告的工具或手段。不同的广告媒体具有不同的特点，它制约着广告主意图的表达和目的的实现。广告媒体的种类很多，常用的广告媒体有报纸、杂志、广播、电视等，它们各具特点。

1. 报纸

其优点主要有简便灵活、制作方便、费用较低、便于剪贴存查、可信性强。缺点在于传递率低、吸引力低、广告时效短、重复性差等。

2. 杂志

杂志以登载各种专门知识为主，是宣传各类专门产品的良好的广告媒体。其优点是针对性强、选择性强、可信度高、反复阅读率高、保存期长、印刷精美、吸引力强。其缺点是发行周期长，灵活性较差；传播不及时、不广泛。

3. 广播

广播媒体的优点有传播迅速、及时；制作简单，费用较低；灵活性较高；传播范围广。其缺点在于信息展露转瞬即逝，不便记忆；表现手法单一，不便存查等。

4. 电视

电视具有图文并茂之优势，发展很快，已成为最重要的广告媒体。电视广告媒体的优点有形象、生动、逼真、感染力强；收视率较高，影响面大；表现手法灵活多样，艺术性强等。其缺点主要有时间性强，不易存查；制作复杂，费用较高；干扰多，针对性差。

5. 户外广告

户外广告的优点是醒目、易引人注意；复现率高，能够对目标顾客反复宣传；费用低；位置选择灵活等。其缺点是形式相对比较简单；观众选择性差；传播区域小等。

6. 邮寄广告

邮寄广告的主要优点是对象明确，有较大的选择性；提供信息全面，有较强的说服力；具有私人通信性质，容易联络感情等。其缺点表现在宣传面较小；不易引起注意，广告形象较差。

7. 网络广告

网络广告是近年来蓬勃兴起的新媒体。其优点是传播广、速度快、成本低、交互性强、针对性强、视觉冲击力大、有效性强、持续时间长。其主要缺点是强制性强，易引起读者反感。

以上是几种常用的广告媒体，此外还有一些使用并不是很频繁的广告媒体，如交通广告、售点广告、电影广告等。广告媒体并非一成不变，科技的进步必然使得广告媒体的种类越来越多。

（四）广告促销设计

在市场竞争日益激烈的情况下，企业应该注重广告对促销策略组合的重要作用，运用有效的广告策略设计广告促销方案。

在了解和分析市场、消费者、竞争者及宏观环境因素的基础上，广告促销方案的设计一般包括以下五个主要步骤。

1. 确定广告目标

确定广告目标是广告促销方案设计的第一步。广告目标是指企业通过广告宣传要达到的目的。其实质是要在特定的时间对特定的受众完成特定的信息沟通任务。企业做广告的最终目标是增加销售量和企业利润。

对于某一企业来说，在不同时间、不同情况下可以确定不同的广告目标：是为了提高销售量或销售额，还是为了帮助新产品开拓市场；是为了提高产品知名度、建立消费偏好、培养忠诚顾客，还是为了提高市场占有率、对付竞争对手等。到底选择哪个目标，应以设计广告时的企业具体需要而定。

2. 确定广告预算

确定广告预算是广告促销方案设计的第二步。为了实现企业的销售目标，企业必须花费必要的广告费用，广告费用的开支是一个关键问题。如果开支过少，达不到广告效果；反之，则会造成浪费、降低效益。

为此，在广告预算设计中要充分认识广告支出与广告收益的关系，选择广告形式时要注意广告宣传所取得的经济效益要大于广告费用的支出。通常可供企业选择的确定广告预算的方法有以下几种：

（1）承受能力法。即根据企业的资金实力来决定广告预算。

（2）销售额百分比法。即根据销售额的一定百分比制定广告预算。这种方法使广告费用与销售收入挂钩，简便易行。

（3）竞争平衡法。即参考竞争对手的广告费用而定出自己的广告费用，广告预算与竞争者大体相同。

（4）目标任务法。即根据企业营销的目标和任务确定广告预算。这是一种比较科学的方法，但它也会有主观性，因此，也需要采用上述某些方法对其加以修正。

（5）投资收益法。即根据对广告投资与所能产生的收益的预测决定广告预算。

广告预算总额确定以后，必须在不同广告媒体之间、不同目标市场和不同地区之间，依据不同媒体的传播时间和传播次数进行合理分配，才能收到预期的效果。

3. 设计广告信息

设计广告信息是广告促销方案设计的第三步。即根据促销活动所确定的广告目标来设计广告的具体内容。广告设计要注重广告效果，只有高质量的广告，才能对促销起到宣传、激励的作用。高质量的广告必须遵循下列原则：

（1）真实性。广告的生命在于真实。虚伪、欺骗性的广告，必然会使企业丧失信誉。广告的真实性体现在两个方面：一方面，广告的内容要真实；另一方面，广告主与广告商品也必须是真实的。

（2）社会性。广告的社会性体现在：广告必须符合社会文化、思想道德的客观要求，遵循党和国家的有关方针、政策，不违背国家的法律、法令和制度。

（3）针对性。广告的内容和形式要富有针对性，即对不同的商品、不同的目标市场要采用不同的内容，采取不同的表现手法。

（4）感召性。广告是否具有感召力，最关键的因素是诉求主题。广告的重要原则之一就是，广告的诉求点必须与产品的优势、目标顾客购买产品的关注点一致。

（5）简明性。广告的受众是广大消费者及社会公众，他们在较短的时间内接收的信息是十分有限的，广告不应给消费者带来太大的视觉与听觉的辨识压力。简短、清晰明了地点明品牌个性是品牌广告设计的客观要求。

4. 选择广告媒体

对广告媒体的选择是广告促销方案设计的第四步。不同的广告媒体有不同的特征，这决定了企业广告必须对广告媒体进行正确的选择，否则将影响广告效果。正确地选择广告媒体，一般要考虑下列影响因素：

（1）产品的特征。掌握产品特征是选择广告媒体的重要条件，不同性质的产品，有不同的使用价值、适用范围和宣传要求，广告媒体只有适应产品的性质，才能取得较好的广告效果。

（2）消费者接触媒体的习惯。选择广告媒体，还要考虑消费者接触媒体的习惯。例如，老年人有听广播的习惯，销售老年人产品可选择广播媒体；对女性用品进行广告宣传，应选用女性喜欢阅读的杂志或喜欢观看的电视节目，也可以在女性商品的橱窗展示。

（3）广告媒体的传播范围。媒体传播范围的大小直接影响广告信息传播区域的大小，企业要根据产品的全国性或地域性特点，决定选择全国性媒体或地方性媒体。

（4）广告媒体的影响力。广告媒体的影响力是以报刊的发行量大小和电视、广播的视听率高低为标志的，选择广告媒体应把目标市场与媒体影响程度结合起来。

5. 评估广告效果

评估广告效果是广告促销方案设计的最后一步。广告本身的效果也称广告的直接经济效果，它不是以销售数量的大小为衡量标准，而主要是以广告对目标市场消费者所引起的心理效应的大小为标准，包括对商品信息的注意、兴趣、情绪、记忆、理解、动机等。因此，对广告本身效果的测定，应主要测定知名度、注意度、理解度、记忆度、视听率、购买动机等项目。

营销资料 5-11

必胜客 VS 肯德基，见证谁投放的爱奇艺广告更有优势

2019 年，百胜中国实现总销售额同比增长 9%，其中肯德基同比增长 11%，必胜客同比增长 3%。必胜客与肯德基虽然都隶属于百胜中国，但是在广告上的竞争是相当激烈的。前几天肯德基投放了爱奇艺开屏广告，今天就看到了必胜客投放的爱奇艺原生广告，可见，同行业之间的竞争还是很大的。

必胜客投放爱奇艺广告的主要目的是推广新品的同时推广 App，增加 App 的下载量，我们可以看到广告的外层展现大图用的是明星的代言图片，其次是新品的样式图片，美食和帅哥都有了，还怕没有用户和市场吗？必胜客的广告跟肯德基的广告相比，落地页的长短还是有差距的，肯德基的落地页比较长，将 App 内的优惠信息以及折扣和折扣商品图片都做了一个仔细的排版放在落地页上，用价格优惠和产品来吸引用户，而必胜客的广告落地页，虽然对用户也有一定的吸引力，但是相对来说没把这种吸引力发挥到最大化。

如果想要投放信息流广告，看其他广告主投放的广告案例是必然的，这样既可以借鉴别的广告主的广告创意，还可以通过别人的广告创意激发灵感，对自己的广告进行优化，达到最好的效果。

资料来源：爱奇艺官网．必胜客 VS 肯德基，见证谁投放的爱奇艺广告更有优势．(2020-02-05)［2020-08-01］. http://www.ixingcan.com/article-821.html.

四、公共关系与营业推广

（一）公共关系

公共关系是指企业在从事市场营销活动时正确处理企业与社会公众的关系，以便树立企业的良好形象，从而促进产品销售的一种活动。

1. 公共关系的特征

（1）公共关系是一定社会组织和与其相关的社会公众之间的相互关系。

（2）公共关系的目标是为企业广结善缘，在社会公众中创造良好的企业形象和声誉。

（3）公共关系的活动以真诚合作、平等互利、共同发展为原则。

（4）公共关系是一种信息沟通，是创造“人和”的艺术。

（5）公共关系是一种长期活动。

2. 公共关系的活动方式和工作程序

（1）公共关系的活动方式。

1）宣传性公关：运用报纸、杂志、广播、电视等各种传播媒介，采用撰写新闻稿、演讲稿、报告等形式，向社会各界传播企业有关信息，有利于企业形象的社会舆论导向。

2）征询性公关：主要是通过开办各种咨询业务、制定调查问卷、进行民意测验、设立热线电话等形式，逐步形成效果良好的信息网络，为社会公众服务。

3）交际性公关：通过语言、文字的沟通，为企业广结善缘，巩固传播效果，可采用宴会、座谈会、招待会、谈判、专访等形式。

4）服务性公关：通过各种实惠性服务，以行动去获取公众的了解、信任和好评，以达到既有利于促销又有利于树立和维护企业形象与声誉的目的，如消费指导、消费培训等。

5）赞助性公关：通过赞助文化、教育、体育、卫生等事业，支持社区福利事业，参与国家、社区重大社会活动等形式来塑造企业的社会形象，提高企业的社会知名度和美誉度。

（2）公共关系的工作程序。

公共关系的工作程序主要包括调查、计划、实施、检测四个步骤。

公共关系是促销策略组合中的一个重要组成部分，企业公共关系的好坏直接影响着企业在公众心目中的形象，影响着企业营销目标的实现，如何利用公共关系促进产品的销售，是现代企业必须重视的问题。

（二）营业推广

营业推广是指企业在短期内刺激消费者或中间商对某种或几种产品或服务产生大量购买的促销活动。

1. 营业推广的特点

合理的营业推广能强烈刺激需求，且时间短、见效快，可以提高消费者的购买积极性。

2. 营业推广的具体形式

(1) 针对消费者的营业推广形式。

主要有派发样品、送赠品、送优惠券、减价优惠、退款优惠、趣味类促销、以旧换新、示范表演等。

(2) 针对中间商的营业推广形式。

主要有折扣鼓励、经销津贴、宣传补贴、陈列补贴、销售竞赛、展览会等。

(3) 针对销售人员的营业推广形式。

主要有销售奖金、培训进修、会议交流、旅游度假等。

实战范例 5-8

常见的促销活动

在促销季期间，商家往往会在网站、店铺橱窗及店内货架上贴出不同种类的优惠广告。大家在忙着购买的同时，不妨了解一下都有哪些吸引眼球的促销活动。

图 5-9 为常见的促销广告词。

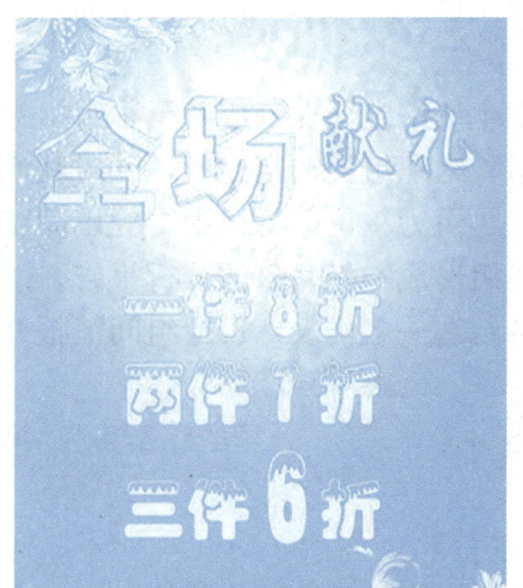

图 5-9 常见促销广告词

任务五　实战演练

实战演练 1　品牌策略制定

【实训任务】

选择一个企业（可以是自己模拟经营的企业），对其产品进行品牌分析，并提出品牌策略。

【实训目标】

巩固产品品牌策略的有关知识，提升品牌策划能力。

【实训要求】

要求学生以小组为单位，按照实训任务的要求分工完成任务。

【实训步骤】

（1）学生按一定标准分成若干小组，对小组进行分工。

（2）组长组织组员选定企业，并对其产品进行品牌分析。

（3）以小组为单位进行讨论，提出品牌策略。

（4）各组形成一份完整的分析报告。

（5）各组选一名代表，进行组间汇报并互评，最后教师评价。

实战演练 2　商品零售价格调查

【实训任务】

实地调查超市商品的零售价格。

【实训目标】

培养市场营销调研能力；了解超市定价策略。

【实训要求】

（1）比较同一产品在各超市零售价格的差异。

（2）总结超市定价的常用策略。

【实训步骤】

（1）拟定调查产品目录。

（2）全班分成若干小组。

（3）就近选择 3～4 家超市。

（4）分小组按产品目录调查各超市的零售价。

（5）对资料进行汇总、整理。

（6）分析、比较价格差异。

（7）总结超市常用的定价策略。

实战演练 3　分销渠道设计

【实训任务】

选择一个企业的某种产品类型（工业品、生活消耗品、奢侈品、耐用品、耐储运品、不耐储运品等），分析其适合的分销渠道类型，并为企业设计一个分销渠道系统。

【实训目标】

巩固分销渠道选择的有关知识，提升问题分析能力和分销渠道设计能力。

【实训要求】

要求学生以小组为单位，按照实训任务的要求进行分析设计。

【实训步骤】

(1) 学生按一定标准分成若干小组，各组讨论选择一个产品类型。

(2) 教师发布各组选定的产品类型，各组按各自选定的产品类型分别进行准备。

(3) 各组形成一份渠道设计方案。

(4) 各组阐述汇报设计方案，进行互评，最后教师评价。

实战演练 4　采取人员推销的方式推销女士化妆品

【实训任务】

某化妆品公司近期要推出新品“玫瑰补水保湿面膜”，这一产品主打的广告语是“玫瑰滋养，肌肤喝饱水，每天水润一点”。公司准备在大型商场搞活动，结合促销组合策略，主要采取售货员推销的方式进行营销。

【实训目标】

认识人员推销在产品销售中的重要作用，并能够熟练地掌握人员推销的技巧和方法，圆满完成销售任务。

【实训要求】

要求学生在教师指导下，以小组为单位独立完成推销产品的任务。

【实训步骤】

(1) 教师事先做好任务布置，要求学生明确实训目标和要求。

(2) 要求学生按照促销方法与促销组合策略，尤其是人员推销的技巧进行演练和实践。

(3) 教师点评。

项目小结

1. 产品整体概念是指在商品交换活动中，企业为消费者提供的能满足消费者需求的所有有形或无形因素的总和。产品市场生命周期通常分为投入期、成长期、成熟期和衰退期四个阶段。

2. 品牌是销售者给自己的产品规定的商业名称，通常由文字、标记、符号、图案和颜色等要素组合而成，用作一个销售者的标志，以便同竞争者的产品相区别。产品品牌策略包括品牌化策略、品牌归属策略、品牌统分策略、品牌扩展策略、多品牌策略、品牌重新定位策略。

3. 包装是指对某一产品设计并制作容器或包扎物的一系列活动。产品包装策略包括类似包装策略、配套包装策略、再使用包装策略、附赠包装策略、分等级包装策略、改变包装策略。

4. 影响企业定价的因素有：定价目标、产品成本、市场需求、竞争者的产品和价格等。

5. 可供企业采用的定价方法有：成本导向定价法、需求导向定价法和竞争导向定价法。

6. 企业在日常营销工作中要采取有效的定价策略，包括折扣定价、心理定价、差别定价、地区定价、组合定价、新产品定价。

7. 渠道有直接、间接之分，有长、短之分，有宽、窄之分。根据渠道的宽窄不同，可将分销方式分为密集型分销、独家分销及选择型分销。

8. 设计企业分销渠道时要综合考虑产品因素、市场因素、企业因素、中间商因素、环境因素等，把握分销渠道的设计步骤。

9. 促销组合是指企业在促销活动中将人员推销、广告促销、公共关系和营业推广等各种促销方式有机结合、综合运用，以实现更好的整体促销效果。

职业技能测试

一、单选题

职业技能测试答案

1. 产品整体概念中最基本、最主要的部分是（　　）。

A. 核心产品　　B. 形式产品

C. 期望产品　　D. 潜在产品

2. 产品在市场上已经打开销路，销售量稳步上升的阶段是（　　）。

A. 投入期　　B. 成长期

C. 成熟期　　D. 衰退期

3. 在企业产量过剩、面临激烈竞争或试图改变消费者需求的情况下，企业的主要定价目标是（　　）。

A. 维持生存　　B. 当期利润最大化

C. 市场占有率最大化　　D. 产品成本最小化

4. 某种产品的最低价格取决于该种产品的（　　）。

A. 市场需求　　B. 成本费用

C. 市场占有率　　D. 竞争产品价格

5. 对保存期短、易于腐烂变质和易碎的商品，应尽可能采用（　　）。

A. 长渠道　　B. 短渠道

C. 宽渠道　　D. 窄渠道

6. 高档消费品一般选择的分销策略是（　　）。

A. 选择型分销　　B. 密集型分销

C. 独家分销

二、多选题

1. 促销组合策略包括（　　）。

A. 人员推销　　B. 广告促销

C. 营业推广　　D. 公共关系

2. 以下属于营业推广形式的有（　　）。

A. 派发样品　　B. 送赠品

C. 送优惠券　　D. 趣味类促销

三、判断题

1. 核心产品价值借以存在并传递给消费者的具体形式或外在表现形式是期望产品。（　　）

2. 产品组合的宽度、深度、长度和关联性构成了产品组合的四个维度。（　　）

3. 销售渠道并非越短越好。（　　）

4. 间接渠道是指产品从生产流向最终消费者的过程中不经过任何中间商转手的分销渠道。（　　）

5. 单价较高的商品应采用较长、较宽的渠道。（　　）

6. 分销渠道的层级越多越利于企业管控。（　　）

7. 公共关系的活动方式主要分为四种，包括宣传性公关、征询性公关、交际性公关、服务性公关。（　　）

8. 营业推广的特点是合理的营业推广能强烈刺激需求，且时间短、见效快，可以提高消费者的购买积极性。（　　）

四、简答题

1. 产品组合策略有哪些？

2. 产品品牌策略有哪些？

3. 企业常用的定价方法有哪些？

4. 常见的定价策略有哪些？

5. 如何成为一名优秀的推销员？

6. 如何开展广告促销？

五、案例分析题

沃尔玛的顾客满意策略

好的服务能提升顾客满意程度，意想不到的附加服务能更快速地提高顾客的满意度。因此，沃尔玛为方便顾客设置了多项特殊的服务类型，举例来说：

（1）免费停车。例如，深圳的沃尔玛店营业面积 12 000 平方米，有近 400 个免费停车位，而另一家营业面积达 17 800 多平方米的沃尔玛购物广场也设有约 150 个停车位。

（2）沃尔玛将糕点房搬进了商场，设有“山姆休闲廊”，所有的风味美食、新鲜糕点都能使顾客在购物劳顿之余获得休闲的享受。

（3）免费咨询。店内聘有专业人士为顾客免费提供电脑、照相机、录像机及其相关用品的有关信息，有助于减少盲目购买带来的风险。

（4）商务中心。店内设有文件处理商务中心，可为顾客提供包括彩色文件制作、复印、工程图纸放大缩小、高速文印在内的多项服务。

如果说足够多的产品品种、一流的商品质量、低廉的价格是硬件的话，那么完善的服务、方便的购物时间、免费停车场和舒适的购物环境则是软件。硬件与软件的相辅相成、紧密相连，使顾客获得了超过其期望水平的购物体验，从而提高了顾客满意度，树立了沃尔玛的良好形象。

思考：案例中哪些地方体现了产品整体概念？

一元拍卖活动

有家商场每逢节假日都要举办“一元拍卖活动”，所有拍卖商品均以 1 元起价，报价每次增加 5 元，直至最后拍卖成功。这种拍卖活动由于基价定得过低，最后的成交价就比市场价低得多，因此会使人们产生一种“卖得越多，赔得越多”的感觉。实际上，该商场用此定价法，是为了以价格低廉的拍卖品活跃商场气氛，扩大客流量，带动整个商场的销售额上升。

思考：（1）该商场采用的是何种定价策略？

（2）采用该种定价策略时，必须注意哪几个方面？

项目六

网络营销运用

职业知识

1. 了解网络营销的理论基础和技术基础；
2. 掌握网络市场调研的类型和网上销售渠道；
3. 掌握网络营销常用工具。

职业能力

1. 能正确运用数据库营销运营方式；
2. 能开展网络市场调研；
3. 初步具备利用网络营销工具开展营销的能力。

任务一　认知网络营销

任务导入

昆山好孩子集团乘“云”直上冲刺千亿级

眼下“80后”“90后”是母婴消费主流人群，从获取资讯、日常休闲到“种草”消费，繁忙穿梭在各大线上平台之间，日常生活与互联网紧密相连。作为全球儿童用品行业领导者，好孩子集团积极捕捉互联网时代消费需求和趋势新热点、新变化，深入实施数字经济创新发展战略，全面进军各类电商和网络社交新平台，乘“云”直上打造线上零售行业标杆。

2020年“双十一”，好孩子集团在天猫全球狂欢节、京东全球好物节等渠道同步发力，设在上海、昆山的多个直播间各尽其能、你争我赶，掀起一波销售狂潮，打造出一场粉丝线上嘉年华。好孩子集团淘宝官方旗舰店仅用时 30 分钟，就突破亿元销售大关，比 2019 年同期缩短 34 分钟。在 2020 年“双 12 苏州购物节”期间，好孩子集团也是频传捷报，2020 年 12 月 10 日—12 月 12 日，全店互联网访问人数同比增长 32%，直播带货期间，网友浏览人次超 40 万。

除力争打造内容爆款外，好孩子集团还推出“Sharon 新媒体 IP 项目”，着力将母婴护理、科学育儿等方面的优质内容，结合好孩子集团的企业文化、各类产品进行巧妙展示，并在评论区和用户“打得火热”，形成内容化、互动化、精准化、效果化营销新模式，让服务更有温度、粉丝更有黏性、品牌更有灵魂，获得中国营销领域“金瞳奖”。

资料来源：朱新国，占长孙. 昆山好孩子集团乘“云”直上冲刺千亿级.（2021-01-02）[202-2-21]. http://news.2500sz.com/doc/2021/01/02/670181.shtml.

任务分析

网络营销是信息时代全新的营销方式，也是现在和未来市场营销的发展趋势。网络营销既有别于传统的市场营销，但是又不能完全抛开传统市场营销的理论。那么，什么是网络营销，它又有哪些特征呢？

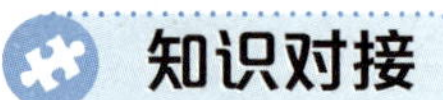

一、网络营销的理论基础

网络营销是指借助互联网、计算机通信和数字交互式媒体，运用新的营销理念、新的营销模式、新的营销渠道和新的营销策略，为达到一定的营销目标而进行的经营活动。从营销的角度出发，网络营销可以定义为：网络营销是企业整体营销战略的一个组成部分，是建立在互联网的基础上，借助于互联网特性来实现一定营销目标的一种营销手段。

（一）直复营销理论

直复营销是指与消费者或企业直接进行沟通，直接产生回应的营销方式。其优点是减少中介、提供充分的商品信息、减少销售成本、无地域障碍、优化营销时机、以顾客反馈信息开发和改善产品、精确测定成本等。图 6-1 为海尔网站的直复营销。

图 6-1　海尔网站的直复营销

（二）“软营销”理论

“软营销”理论强调企业在进行市场营销活动的同时必须尊重消费者的感受和体验，让消费者主动接受企业的营销活动。“软营销”与传统的“强势营销”的根本区别在于：“软营销”的主动方是消费者，而“强势营销”的主动方是企业，它的目标是通过不断的信息灌输在消费者心中留下深刻的印象。

（三）整合营销理论

整合营销强调“以客户为中心”，其主张可概括为“4C”：先将产品搁置在一边，认真研究顾客的需求与欲望（consumer's needs and wants），不要再卖你所能制造的产品，而是卖顾客确定想购买的产品；暂时忘掉定价策略，先了解顾客为满足其需求与欲望而支付的总成本（cost）；暂时忘掉渠道策略，先考虑顾客购买的便利性（convenience）；暂时忘掉促销，注意与顾客的沟通（communication）。4C 理论是整合营销的支撑点和核心理念。

二、网络时代消费者行为模式特征分析与营销特征

网络营销是在传统营销方式的基础上发展起来的新型营销方式，当消费、营销与网络结合以后，就产生了一些新的特点。

（一）网络时代消费者行为模式特征分析

1. 冲动式购买大量增加

随着网络用户的大量增加，依赖于网络了解市场信息的群体日趋扩大，网络中出现一则商品信息，就有可能带动一个群体的网络用户在短期内进行冲动式购买，导致许多商品的购买行为具有极强的冲动性。

2. 对便利的要求更高

随着人们生活节奏的加快，人们对于日常生活用品的购买，不仅要求质量好、价格合理，而且要求方便、快捷。现代物流技术的应用，以及运筹学中管理技术的引入，加快了商品的物流速度。

3. 消费主动性增强

消费者对购买的风险感随着消费选择的增多而上升，在许多日常生活用品的购买上，尤其是在一些大件耐用消费品的购买上，消费者会主动通过各种可能的途径获取与商品有关的信息并进行分析比较。

4. 追求名牌产品消费

随着品牌效应深入人心，许多产品都积极地通过网络打造自己的品牌。消费者可以通过网络更加广泛地了解名牌产品的各方面信息，或对诸多名牌产品的价格、性能进行比较，以确定他们的消费决策。有了“情怀”，就有了不一样的营销效果，如图 6－2 所示。

5. 热衷于上网消费

如今上网查询商品信息，通过上网购物已不再是单纯赶时髦，而是成了网络用户日常生活消费方式的一部分。

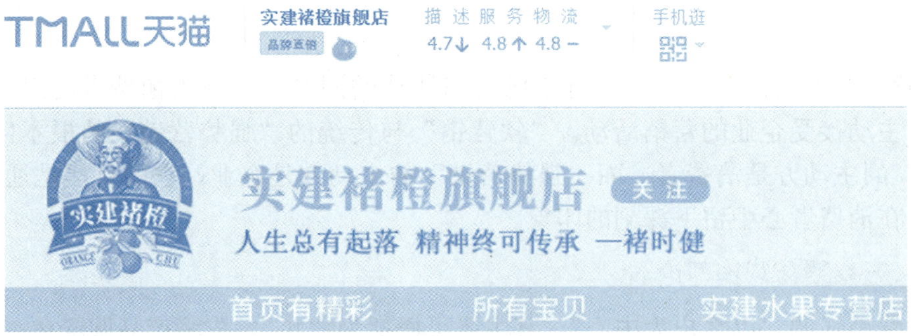

图 6-2 实建褚橙旗舰店

6. 消费的个性化日益突出

消费者可以通过网络更快、更全面地了解某一商品的市场价格、性能、售后服务等方面的信息，对一些最新出现的个性化商品，他们可以通过网络的便利条件，确定他们的消费行为，为自身的个性化消费找到决策的依据。例如，旺仔牛奶在 2019 年推出了 56 个民族大团结包装的牛奶，受到消费者的欢迎，如图 6-3 所示。

图 6-3 新包装旺仔牛奶

（二）网络时代的营销特征

网络营销以互联网为载体，以符合网络传播特点的方式、方法和理念实施营销活动，以实现组织目标或社会价值。网络营销的特征有以下五个方面。

1. 资源共享性

在网络环境下，很多资源都是共享的，如关键词权重、推广渠道、流量等。企业在策划活动之初，只要在相关方向上投入足够精力，都有机会共享网络资源。

2. 广泛传播性

网络营销是通过网络环境展开的营销活动。因此，网络营销从某种程度上来讲具备广泛传播的性质。

3. 信息留存长效性

信息检索的存在，无形之中让网络逐渐成为大众的“云端”数据库。人们可以很容易地通过网络查询很久之前发生过的事情。在网络环境下，有些企业通过策划某些代表性营销事件，可以长久地从中获得收益，这便是网络信息留存长效性的作用所在。

4. 资源整合性

依托于信息资源内容，网络营销离不开相关的推广渠道，推广渠道要想取得成效，就需要不断被人打上清晰的“价值标签”，这些“价值标签”就是网络资源整合特性的具象体现形式。

5. 信息实时交互性

网络营销使企业营销策略具有了信息更新速度快的特征。

三、网络营销的技术基础——数据库

数据库（database）是按照数据结构来组织、存储和管理数据的仓库，每个数据库都有一个或多个不同的 API 接口用于创建、访问、管理、搜索和复制所保存的数据。

（一）数据库的类型

1. 客户数据库

客户数据库存储的内容主要是：传统营销所需建立的客户档案；客户的 E-mail 地址（或网址）；客户历次购买产品或询问有关产品信息的情况；客户对产品的需求情况及建议、意见等信息。

2. 产品（或商品）数据库

产品数据库的内容，除通常的产品数据库存储的内容外，还包括相关产品、配套产品、相关的企业网址等。

3. 从网络上下载的相关产品供需信息数据库

将其他一些大型商务网站中与本企业产品或经营相关的供需信息保存到数据库中，以供企业相关人员分析参考。

（二）数据库营销运营方式

根据企业所处行业、企业产品生命周期、企业经营战略与经营策略的不同，企业可以选择以下数据库营销运营方式。

1. 基础营销运营方式

基础营销运营方式是指企业建设自己的数据库营销运营平台，对企业自身已有数据进行集中管理，通过自己的网站获取潜在目标客户，通过一系列的数据库营销策略开展数据库营销，与目标客户建立起信任与忠诚的互动关系，为企业创造出长期的商业价值。

2. 数据租赁营销运营方式

数据租赁营销运营方式是指企业利用专业的数据库营销公司提供的潜在目标客户数据，向潜在目标客户投递品牌信息或者产品信息广告，实现精准营销的广告投放效果。通过数据租赁营销这种运营方式，企业可以精准地获取目标客户对企业品牌与产品的关注点，为建立客户关系、挖掘销售线索、品牌推广等市场行为带来较好的回报率。

3. 数据购买营销运营方式

数据购买营销运营方式是指企业通过一系列符合法律程序的形式获取潜在目标客户数据。这种运营方式一般要和基础营销运营方式匹配使用，效果在很大程度上要依赖两个因素：一是是否搭建了适合企业的数据库营销平台；二是企业是否已经建立了数据库营销运营机制，以及是否已经具备了数据库营销所要求的人力资源条件。

四、网络市场调研

网络市场调研是指在互联网上针对特定的营销环境进行简单调查设计、资料搜集和初步分析的活动。

（一）网络市场调研的优势与局限性

1. 网络市场调研的优势

（1）及时性和共享性。

网络市场调研是开放的，网民都可以进行投票和查看结果，而且在投票信息经过统计分析初步自动处理后，可以马上查看阶段性的调研结果。

（2）便捷性和低费用。

实施网络市场调研节省了传统市场调研中耗费的大量人力和物力。

（3）交互性。

网络的最大好处是交互性，因此在实施网络市场调研时，被调查者可以及时就问卷相关问题提出自己的更多看法和建议，可减少问卷设计不合理导致的调研结论偏差。

（4）可靠性和客观性。

实施网络市场调研，被调查者是在完全自愿的原则下参与调研的，调研的针对性更强，因此信息可靠，调研结论客观。

（5）无时空、地域限制。

网络市场调研是 24 小时全天候的调研，这就与受地域和时间制约的传统调研方式有很大不同。

（6）可检验性和可控制性。

在网络市场调研中利用互联网进行信息的搜集，可以有效地对信息的质量实施系统检验和控制。

2. 网络市场调研的局限性

网民的分布和调研对象的分布有时并不一致，有可能导致调研的结果有一定的偏差，从而产生代表性误差问题。

网络调研的安全性存在着隐患，一旦被电脑病毒或黑客侵入，会对调研系统和数据安全构成威胁。

（二）网络市场调研的类型

网络市场调研按照信息来源可分为网络直接调研和网络间接调研。

1. 网络直接调研

网络直接调研是指利用互联网直接进行问卷调查来搜集一手资料。网络直接调研主要包括以下四种形式：

（1）电子邮件调研。

电子邮件调研是指通过电子邮件发放电子问卷，并请调研对象以电子邮件反馈答卷。这种调研方式速度快、简单，也较具定量价值，如果样本较为全面，调研结果会比较真实可靠，适用于对特定群体网民的多方面的行为模式、消费规模、网络广告效果等的研究。但是，这种调研首先要以目标顾客有电子邮箱为前提；由于格式比较单一，不太适合较为复杂的问卷设计；调研的质量受样本的完备性和回收率的影响较大。

（2）网上焦点小组访谈。

网上焦点小组访谈是指直接在网上征集与会者，并约定时间利用网上视频会议系统或网络 BBS 举行网上座谈会。它比较适合于需要进行深度或探索性研究的调研。该方法也可与电子邮件调研配合使用。

（3）网站（页）问卷调研。

网站（页）问卷调研是指在访问率高的网站或自己的网站上设置调研专项网页，访问者若感兴趣则以在线方式直接作答，完成后提交调研问卷，调研即可完成。这种调研方法还可以应用数据库技术，对问卷数据进行保存，形成固定数据表格，便于快速处理，从而大大缩短调研周期。其不足之处是所吸引到的调研对象属于该网页受众中的感兴趣群体，样本可能不具有代表性。因此，需要通过有效的邀请方式来优化样本的代表性。

（4）定向弹出窗口调研。

在网民浏览网站时弹出窗口，窗口中有邀请网民参与调研的说明、地址链接或直接进入调研的按钮，如果网民愿意参与调研，可以点击链接或按钮，进入相关调研网页填写问卷，填答过程与网站（页）问卷调研方式相似，最后也是线上提交。该方式提供一定的程序实现自动样本抽取（如等距、便利或随机），类似于传统调研中的拦截式调研，因此调研的样本并非随机样本。

2. 网络间接调研

网络间接调研主要是利用互联网搜集与企业营销相关的市场、竞争者、消费者以及宏观环境等的信息。网络间接调研是企业用得最多的网络市场调研方法，主要包括以下三种形式：

（1）搜索引擎搜索。

搜索引擎是能及时发现你所需要的调研对象内容的电子指针。它们能提供有关的市场信息、企业新闻、产品广告、调查报告、各种报刊发表的调查资料等，这些资料和信息可以借助于一系列的关键词和基本参数进行识别。为了能快速准确地搜索需要的信息，在使用搜索引擎时要注意：首先确定搜索的意图，选择合适的关键词；其次决定采用哪种搜索功能并选定搜索引擎。

（2）网站跟踪法。

企业网站通过网站推广工作实施和网站的运营，将会获得为数可观的网站数据，这些数据对于网上目标客户调研、客户分析以及客户关系整理均有重要意义。常用的方法有两种：一种是在本企业的站点投放调查问卷；另一种是在门户站点投放调查表。门户站点浏览量大，可以保证网络调研有足够大的样本，有利于完成调查任务，同时还可以间接地起到广告的作用。

（3）数据库查找。

数据库查找是指借助于互联网上公开的一些数据库来查找有关的信息，中文网上数据库如中国知网、万方数据知识服务平台、超星图书馆等都拥有海量的信息资源。

五、网上销售渠道

网上销售渠道是指利用互联网，通过电子手段进行和完成交易活动的一种渠道。以互联网作为支撑的网上销售渠道同样具备传统营销渠道的功能。一个完善的网上销售渠道应具有订货、结算和配送三大功能。

网上销售渠道除了可以按照是否含有中间环节分成网上直销和网上间接销售，还可以根据交易对象的关系属性分成 B2B 渠道、B2C 渠道、C2C 渠道、B2G 渠道、C2B 渠道、O2O 渠道。

（一）B2B 渠道

B2B 渠道是指企业与企业之间依托互联网等现代化技术手段来开展商务活动的渠道形式，主要对应的业务类型是企业与企业之间的批发或者外贸业务。这种渠道模式由于能够使企业以更高的效率获得足够的收益，因此越来越受到企业的青睐。目前我国 B2B 渠道在国内贸易方面有 1688 批发网、慧聪网等，在外贸方面有阿里巴巴、敦煌网等。

（二）B2C 渠道

B2C 渠道是指企业通过互联网为消费者提供产品网上销售的渠道形式。消费者通过网络实现网上下单和网上支付，也可以通过网络和企业进行交互。这种渠道形式由于商品丰富、省时省力、价格实惠而受到消费者的喜爱，甚至已经成为一部分消费者购物的主流渠道，也是网上销售渠道的主流模式之一。目前国内 B2C 渠道主要有天猫和京东。

（三）C2C 渠道

C2C 渠道是指个人通过互联网载体向其他人销售产品的渠道形式。C2C 渠道类似于西方国家的“跳蚤市场”。在国际上最著名的、影响最大的 C2C 渠道是美国的 eBay，用户遍及全球；国内最大的 C2C 渠道则是淘宝，在淘宝网上交易的商品五花八门、应有尽有，它是消费者尤其是年轻人非常喜欢的一种渠道形式。

（四）B2G 渠道

B2G 渠道是指企业与政府之间通过互联网，依托现代信息技术手段开展商务活动的渠道形式。B2G 渠道可以实现多种业务，如政府采购、税收、商检、报关等。以政府采购为例，政府通过网站或其他信息手段发布采购招标信息，企业通过网络购买标书，填写并上传标书，政府通过网络开标、评估，最后使用电子化手段联络中标人，签订电子合同。

（五）C2B 渠道

C2B 渠道是指消费者作为渠道源头和企业之间开展电子商务活动的渠道形式。通常是由消费者来参与有关产品的设计、生产、价格等的确定，企业根据消费者的需求进行定制化生产。

（六）O2O 渠道

O2O 渠道是指将线下的商务机会与互联网结合，让互联网成为线下交易的前台，顾客通过看到网上显示的商家销售信息产生购买动机，并在线支付相应的费用，然后凭借各种形式的凭据去线下完成消费活动。

O2O 渠道可以把线上和线下的优势完美结合，通过网上导流，实现互联网与线下实体店的完美对接，让消费者在享受线上优惠价格的同时，还能享受到线下实体店的服务，如餐饮、电影、美容、旅游、租车等。运营比较好的 O2O 模式有美团、携程网、神州租车。

任务二　网络营销常用工具

任务导入

小米的微博营销

小米手机凭借其时尚的外观、优良的性能、优惠的价格非常受年轻人的喜欢，小米公司的微博营销基本都是自己的团队运作而没有选择外包。作为小米的掌门人，雷军经常在微博上和小米用户进行互动，亲切地称呼小米用户为“米粉”，举办各种微博活动，通过免费赠送小米手机等吸引粉丝转发。

任务分析

网络营销的实施是一项系统工程，它涉及人、财、物以及技术等方面，企业实施网络营销，更多的是借助一定的工具开展营销活动。那么，企业常用的网络营销工具又有哪些呢？

知识对接

一、企业网站

企业网站是企业形象的展示，是企业文化与服务的集中体现。对企业、客户、市场进行全面、专业的分析和评估，策划出适合企业自身特点的个性化企业网站建设方案，辅以一套特色的网站设计视觉效果，提出一个合适的形象定位，用合适的展示方式把企业客户关心的问题表现出来，能够使企业形象得到全面提升。

企业网站的建设有以下几个步骤。

（一）选择专业的网站建设公司

传统企业自身如果不具备互联网知识，可以委托一个专业的网站建设公司来执行。

（二）确定网站的定位和风格

企业的网站制作，首先要确定市场定位和风格，网站后续的制作和运营都需要根据其定位和风格来实施。

（三）准备域名和服务器并备案

域名和服务器是网站运行的基石，前期一定要准备好。注册的域名应简短易记，后缀需是常见的，是和企业有关联的，服务器要选择有保障的品牌，保障网站运行稳定和安全。

（四）制定出网站建设的方案

网站建设是一项系统的工作，涉及许多的工序和问题，制定方案的目的是将所有工作和问题都提前规划好。

（五）网站的页面设计

设计师开始设计网站的页面效果图。在具体的设计过程中，需要根据网站的定位，以及网站的主题风格来设计，保证网站的页面效果与预先确定的定位和主题保持一致，使网站页面效果既符合企业的需求，又能体现出企业的特征和优势。此外，还要保证页面效果精美，符合用户的审美需求。

（六）网站程序功能建设实施

网站的页面设计好之后，要对网站进行程序建设工作，将页面的效果图变成可以操作的网站页面，并进行后台的接入和绑定等。需要注意的是，网站的功能操作要具有良好的用户体验效果，保证所有用户使用起来都非常简单、清晰和直观。

（七）网站上线前的测试优化

网站的程序功能设计完成之后，要对网站进行测试，发现问题，如遗留的程序问题、浏览器兼容问题、页面加载问题等。网站需要经过反复的测试，确保合格后，才能正式上线。

（八）网站后期的运营和维护

网站上线之后，企业要对网站进行运营，吸引用户，用户才会登录网站。网站运行过程中，也可能出现新的问题，需要不断对网站进行维护，及时进行处理和修复，维护网站安全。

二、大数据营销

大数据营销是指企业通过大数据分析，更为精准地描述、分析、预测并引导消费者行为，帮助企业进行更为有效的营销决策的过程。从营销过程来看，大数据可以应用于多个营销环节，如市场细分、市场定位、产品开发、定价、渠道设计和选择、促销。以产品为例，企业通过大数据技术获得消费者关于产品的口碑数据以及相应的销售数据，能够给设计部门提供有用的数据参考，为下一步的产品升级和开发提供有效指导。以促销为例，依托多平台的数据采集以及大数据技术的分析与预测能力，能够使企业的广告更加精准有效，给企业带来更高的投资回报。大数据营销的主要方法如下。

（一）搜集基于消费者、产品、企业三个维度的关联数据

应用大数据时，首先要明确大数据的构成。企业进行大数据营销，主要是对消费者行为进行研究，而消费者行为的核心是产品的购买行为，产品的生产者则是企业。由此，消费者、产品、企业就产生了关联性。消费者在对产品进行消费时，会产生个人信息、所消费的产品信息、与产品相关的企业信息和价值链信息以及消费者对产品的口碑信息。这些信息发生在不同的时间和空间，但可以形成一个整体。此外，还有一些外部环境相关信息需要考虑。

与消费者、产品和企业相关联的信息会留存在互联网的多个平台上，如企业网站、微博、微信、第三方平台等。因此，大数据营销的重要手段是搜集大数据，即搜集各个平台上跨时空的，与消费者、产品、企业三者相关联的结构化以及非结构化的海量信息数据。

营销资料 6－1

大数据使“快速时尚”成为 ZARA 的品牌代名词

ZARA 公司内部的全球资讯网络会定期把从各分店搜集到的顾客意见和建议汇总并传递给总部的设计人员，然后由总部作出决策后再立刻将新的设计传送到生产线，直到最终实现“数据造衣”的全过程。同样，在 ZARA 的网络商店内，消费者意见也作为一项市场调研大数据参与企业产品的研发和生产，由此映射出的前沿观点和时尚潮流还让“快速时尚”成为 ZARA 的品牌代名词。

（二）利用大数据技术对消费者需求进行分析，开展精准的推广活动

基于大数据的精准推广活动可大致分为以下三类：

（1）企业作为其产品的经营者，可以通过大数据分析定位到有特定潜在需求的受众人群，并针对这一群体进行有效的定向推广以达到刺激消费的目的。

（2）针对既有的消费者，企业可以通过用户的行为数据分析他们各自的购物习惯，并按照其特定的购物偏好、独特的购买倾向进行一对一的定制化商品推送。

（3）企业可以依据既有消费者各自不同的人物特征将受众按照“标签”进行细分（如“网购达人”），再用不同的侧重方式和定制化的活动向这些类群进行定向的精准营销。对

于价格敏感者，企业需要适当地推送性价比相对较高的产品并加送一些电子优惠券以刺激消费。

（三）维系客户关系

挽回购物车放弃者和流失的老客户也是大数据在商业中的一种应用。例如，中国移动通过客服电话向流失的老客户介绍最新的优惠资讯；餐厅通过会员留下的通信信息向其推送打折优惠券来提醒久不光顾的老客户消费。大数据能够帮助企业识别各类用户，而对忠诚度各异的消费者实行“差别对待”和“量体裁衣”是企业客户管理中的一项重要理念。

三、搜索引擎营销

搜索引擎营销是基于搜索引擎平台的网络营销，是指利用人们对搜索引擎的依赖和使用习惯，在人们检索信息时尽可能地将营销信息传递给目标客户。

（一）搜索引擎营销的种类

1. 搜索引擎优化（search engine optimisation，SEO）

搜索引擎优化，是指通过对网站结构（内部链接结构、网站物理结构、网站逻辑结构）、高质量的网站主题内容、丰富而有价值的相关外部链接进行优化，而使网站对用户和搜索引擎更加友好，以获得在搜索引擎上的优势排名，为网站引入流量。

2. 点击付费广告（pay per click，PPC）

点击付费广告是企业常用的搜索引擎广告形式，是指购买搜索结果页上的广告位来实现营销目的，只有当用户实际上点击了企业的广告，企业才需要付费。各大搜索引擎都推出了自己的广告体系。搜索引擎广告的优势是相关性，由于广告只出现在相关搜索结果或相关主题网页中，因此搜索引擎广告比传统广告更加有效，客户转化率更高。

（二）搜索引擎营销的基本方法

1. 构建信息源

收录企业网站中的各种信息是搜索引擎营销的基础。信息源的构建不能只是站在搜索引擎友好的角度，还应该包含用户友好，这是建立互联网营销导向的企业网站所强调的。网站优化不仅仅是搜索引擎优化，而是包含三个方面，即对用户、对搜索引擎、对网站管理维护的优化。

2. 搜索引擎收录

网站建设完成发布到互联网上，并不意味着就可以达到搜索引擎营销的目的了。网站如果不能被搜索引擎收录，用户就无法发现这些网站中的信息，也就无法实现互联网营销信息传递的目的。

3. 在搜索结果中信息靠前

网站仅仅被搜索引擎收录还不够，还需要让企业信息出现在搜索结果中靠前的位置，这就是搜索引擎优化的目的。因为搜索引擎收录的信息通常有很多，当用户输入某个关键词检索时会反馈大量的结果，企业信息出现的位置靠后，被用户搜索到的机会就会降低，搜索引擎营销的效果也就无法保证。

4. 获得关注

通过对搜索引擎检索结果的观察可以发现，并非所有的检索结果都含有丰富的信息，用户不可能点击浏览检索结果中的所有信息，而是要对搜索结果进行判断，筛选一些相关性强的信息进行点击，进入相应网页之后获得更为完整的信息，因此需要对每个搜索引擎收集信息的方式进行针对性的研究。

5. 提供方便

用户通过点击搜索结果进入网站、网页，是搜索引擎营销的表现形式。在网站上，当用户想了解某个产品的详细信息而注册成为网站用户时，搜索引擎营销将与网站信息发布、顾客服务、网站流量统计分析、在线销售等其他互联网营销工作密切相关，在为用户获取信息提供方便的同时，与用户建立密切的关系，使其成为潜在顾客，或者直接购买产品。

四、微信营销

微信营销是网络经济时代企业对营销模式的创新，是伴随着微信的火热而产生的一种网络营销方式。微信不存在距离的限制，用户注册微信后，可订阅自己所需的信息，商家可通过提供用户需要的信息推广自己的产品。

微信营销可以依靠庞大的腾讯用户基数，微信的日活跃用户数已经达到 10.9 亿，微信已经成了当下火热的互联网聊天工具，并且微信的用户不会限于这个数量，发展空间仍然很广阔。

（一）微信营销的优势

随着智能手机的普及，微信越来越大众化，微信营销的优势体现在以下方面。

1. 信息交流的互动性突出

微信不受时间和空间的限制，能够随时随地开展营销，无论你在哪里，只要带着手机，就能够很轻松地同客户进行互动。例如，企业可以先为自己的品牌设定二维码，用折扣或优惠的方式吸引用户关注，再将用户引到线下或线上消费；又如，商家和个人都可以建立自己的微信公众号，如订阅号、服务号、企业号，在微信平台上实现与特定群体的文字、图片、语言的全方位沟通与互动。

2. 点对点精准营销

利用微信庞大的用户群、移动终端、位置跟踪等优势，能够让每个个体都有机会接收到推送的信息，继而帮助商家实现点对点精准营销。

3. 口碑营销

微信的即时性和互动性强、可见度高、影响力大以及无边界传播等特质特别适合口碑营销策略的应用。微信平台的群发功能可以将企业的视频、图片、宣传文字群发给微信好友。企业更是可以利用二维码的形式发送优惠信息，这是一种既经济、实惠又有效的促销模式，能够使顾客主动为企业做宣传，激发口碑效应，将产品和服务信息传播到互联网还有生活中的每个角落。

4. 潜在的强关系属性

微信的点对点产品形态决定了其能够通过互动的形式将普通关系发展成强关系，从而产生更大的价值。企业可以通过互动的形式与用户建立联系，通过聊天、答疑甚至讲故事等方式与消费者形成朋友关系，进而使潜在消费者产生信任感。

（二）微信营销的方法

1. 二维码

用户可以通过扫描识别二维码来添加朋友、关注企业账号；企业则可以设定自己品牌的二维码，用折扣和优惠来吸引用户关注，开拓 O2O 的营销模式开放平台：通过微信开放平台，应用开发者可以接入第三方应用，还可以将应用的标识放入微信附件栏，使用户可以方便地在会话中调用第三方应用进行内容选择与分享。

2. 公众平台

微信公众平台是腾讯公司在微信的基础上设置的功能模块，通过这一平台，个人和企业都可以打造微信的公众号，并实现和特定群体的文字、图片、语音的全方位沟通、互动。微信公众号不仅是信息发布和传播的工具，而且是信息传播生态链，是利用用户关系网络的信息发布、传播及交互生态链的一个节点，通过这个节点，连接到微信公众号平台实现网络营销信息源发布，利用微信用户关系网络实现多维度信息传播及用户交互，最终实现网络营销的各项职能。通过一对一的关注和推送，公众平台方可以向“粉丝”推送新闻资讯、产品消息、最新活动等消息，同时能够完成咨询、客服等功能。

商家或企业可以利用自己的公众号使关注者登记个人信息，然后将用户在公众号的行为变成数据进行记录，例如用户阅读了哪些文章，收藏了哪些文章，通常在什么时间阅读等，从而了解用户的偏好；而在购物平台上，则通过记录用户浏览、收藏、成交的产品，了解用户的消费需求、消费水平等。通过大数据的长期积累，就可以将用户分成不同的类别，进而提高微信营销的精准性及成交率。

3. 朋友圈分享信息或群发消息

通过朋友圈发送或群发消息进行营销，是目前微商主要采用的手段。凭借这种手段，可以将消息进行扩散和传播，通过一传十、十传百的方法使大量用户看到相应的消息，然后以优惠的产品价格吸引用户购买，或通过分销利润鼓励用户在朋友圈继续宣传销售产品，同时邀请朋友家人在自己的朋友圈发送相应的广告信息，实现情感营销和口碑营销。

实战范例 6-1

海底捞的微信营销

海底捞是大众熟知的餐饮店，它通过开展高质量服务的微信营销获得了更多人的认可。

1. 特色化的服务获得粉丝

海底捞因为受欢迎，所以顾客很多，常常需要排队并且时间较长，等待的时间里顾客会感觉无聊或厌烦。为了减轻顾客的这种感觉，海底捞推出了微信照片打印服务的微信营销活动，等待的顾客扫码关注海底捞微信公众号就可自行打印想要打印的照片，让顾客有一种新的体验，也让海底捞获得了更多的粉丝。

2. 开通微信支付

海底捞开通了微信支付，提高了结账速度，减少了排队时间，同时还降低了现金管理风险，这是现在大多数做微信营销的商家常用的手段，不仅能够使交易更快更方便，还能够通过微信活动或优惠让顾客成为海底捞微信公众号的粉丝。

3. 在微信上“看、吃、玩”

海底捞的微信公共号提供了预订、排号、就餐、个人中心、投诉与表扬、加入我们等多种功能，基本上能够满足顾客在微信上的各种需求，这种微信营销功能较为有趣、全面而实用。

4. 扩展平台

海底捞除推出品牌微信公众号外，还推出了提供外卖服务的公众号。这个提供外卖服务的公众号页面更加简洁专一，进一步简化了用户的外卖订餐步骤，降低了时间成本，还能进一步进行海底捞的微信营销推广，增加品牌微信公众号的知名度。

海底捞微信营销的成功之处就在于它抓住了微信的本质——服务，将完善服务、提升用户体验作为核心，不局限于微信营销公众号提供的原有功能，在此基础上进一步开发实用、好用的功能。

资料来源：兆信网. 海底捞做微信营销的启示. (2018-04-28) [2020-07-30]. http://www.zaosin.com/info/1838.html.

五、微博营销

微博营销是指为了通过微博平台为商家、个人等创造价值而执行的一种营销方式，也是指商家或个人通过微博平台发现并满足用户的各类需求的商业行为方式。微博营销以微博作为营销平台，每一个用户都是潜在的营销对象，企业可以通过更新自己的微博向网友传播企业信息、产品信息，树立良好的企业形象和产品形象。

（一）微博的种类

微博多种多样，从企业营销的传播主体和内容来看，可分为官方微博、客服微博、公关微博、市场微博和企业领袖微博；从微博本身的价值来看，可分为微媒体、微服务、微公关、微营销和微传播。

1. 官方微博

官方微博，又称微媒体，因其企业代言人这一属性，传播内容相对比较正式，可以在第一时间发布最新动态，对外展示企业品牌形象，是一种成本较低的自媒体。

2. 客服微博

客服微博，又称微服务，通过它可以实现企业与客户的实时沟通和互动及深度交流，既能有效提供服务，又能提高响应速度。

3. 公关微博

公关微博，又称微公关，主要承担公共关系职能，特别是在出现企业或产品的危机事件时，可通过公关微博对负面口碑进行及时纠正和正面引导。

4. 市场微博

市场微博，又称微营销，主要通过它来组织市场活动，打破地域、人数的限制，实现互动营销。

5. 企业领袖微博

企业领袖微博，又称微传播，通过团队打造企业领袖的公共形象，依托企业文化打造出有胆识、气魄、爱国情怀、长远发展眼光等的企业家形象来提升企业的社会认同感，实现营销的目的。

（二）微博营销推广技巧及手段

1. 微博账号认证

这是微博营销的第一步，获得认证的微博，无论是在形象的权威性，还是在信息内容被搜索引擎收录方面都有优势，更易于传播。

2. 有效内容发布

微博发布的内容信息必须有价值，尽量多样化、图文并茂，还可以添加小视频，增强用户浏览体验。要给内容添加合适的话题或标签，以便微博搜索。

3. 及时更新内容

要有规律地更新内容，如每天发布 3～5 条信息，并在合适的时间进行更新。

4. 加强互动

微博有奖转发活动一直都是微博互动的主要方式，但更多的人是关注奖品，对企业的宣传内容并不关心。与赠送奖品相比，微博经营者认真回复留言，更能唤起粉丝的情感认同。可以适时结合一些利益（如折扣）作为回馈，粉丝会更加忠诚。

5. 真诚

企业微博内容要真实，好声誉就是企业的财富。例如，格力电器一直致力于打造良好的企业形象，严抓产品质量、性能，“好空调，格力造”的品牌广告语深入人心，不论是企业网站、微信公众号还是微博平台，格力都用心经营，收获了大量的“粉丝”。如图 6-4 所示。

图 6-4 格力电器官方微博

6. 展示企业特点

利用微博做推广的企业和个人很多，微博营销竞争激烈，千篇一律的营销手段很容易使受众产生审美疲劳，只有具有个性魅力的微博账号，才能脱颖而出。

7. 利益

可以经常在微博上发布打折和优惠信息吸引顾客。

8. 趣味

幽默的文字、有趣的图片、滑稽的视频更容易获得大众的青睐，一般情况下，包含广告内容的营销信息，更需要以有趣的方法去引起关注，号召大家参与。

9. 创新

微博具有非常高的扩展性，营销模式有很大的探索空间，抓住机会，有效创新，才可以让企业从中轻松获益。

10. 保持热度

为了让微博信息保持一定的热度，企业可以设置一些问题让顾客来答疑，甚至可以设置一些辩题让网友参与辩论，从而让更多的人关注该企业。

任务三 实战演练

实战演练 1 针对大学生“创业能力”开展网络市场调研

【实训任务】

通过网络市场调研了解在校大学生的创业目标、创业技能。

【实训目标】

针对大学生应该具备的创业能力设计电子调查问卷，采用微信、QQ、博客、微博等方法来开展网络调研，撰写调研报告。

【实训要求】

（1）设计电子版调查问卷。

（2）每名同学采用的网络调研方法多于三种。

（3）开展网络调研。

（4）完成调研报告。

【实训步骤】

（1）教师布置实训任务。

（2）学生完成网络调研任务。

（3）学生总结。

（4）教师点评。

实战演练 2　查找微博资料完成任务

【实训任务】

根据下面的任务要求完成任务并填表：

（1）登录新浪微博（没有微博账号的申请注册一个微博账号），进行微博账号设置，设置完成后截图。

（2）搜索当前热点并撰写点评，用自己的微博账号将该热点点评发表出来，要求附图或者小视频，完成后截图。

（3）关注感兴趣的企业微博账号，阅读其微博信息，对其中感兴趣的一条信息进行评论，并截图。

【实训目标】

掌握微博营销初步操作技能。

【实训要求】

查找任务要求的资料，完成上述任务并填表。

【实训步骤】

（1）登录新浪微博，申请注册微博账号并进行设置，完成后截图。

（2）搜索当前热点撰写点评，发表并截图。

（3）对感兴趣的企业微博账号信息进行评论并截图。

（4）填表。

（5）教师点评。

微博任务产出表

1. 登录微博账号并截图：   2. 当前热点点评截图：   3. 感兴趣微博账号信息点评截图：

项目小结

1. 网络营销的理论基础是直复营销理论、“软营销”理论、整合营销理论。

2. 网络营销的技术基础是数据库，包括客户数据库、产品（或商品）数据库、从网络上下载的相关产品供需信息数据库。数据库营销运营方式有基础营销运营方式、数据租赁营销运营方式、数据购买营销运营方式。

3. 网络市场调研的类型有网络直接调研、网络间接调研。

4. 网上销售渠道除了可以按照是否含有中间环节分成网上直销和网上间接销售，还可以根据交易对象的关系属性分成 B2B 渠道、B2C 渠道、C2C 渠道、B2G 渠道、C2B 渠道、O2O 渠道。

5. 网络营销常用工具有企业网站、大数据营销、搜索引擎营销、微信营销、微博营销等。

职业能力测试

职业技能测试答案

一、多选题

1. 网络营销的理论基础是（　　）。

A. 直复营销理论　　B. “软营销”理论

C. 整合营销理论　　D. 市场细分理论

2. 下列属于网络时代的营销特征的是（　　）。

A. 资源共享性　　B. 服务性

C. 信息实时交互性　　D. 广泛传播性

二、判断题

1. 与传统强势营销相比，网络营销的一个理论基础是“软营销”理论。（　　）

2. 网络营销的数据库包括客户数据库、产品（或商品）数据库、从网络上下载的相关产品供需信息数据库。（　　）

三、简答题

1. 网络市场调研的类型和方法有哪些？

2. 网上销售渠道有哪些？

四、案例分析题

亲情营销——《啥是佩奇》

2019 年开年第一款爆款的网络营销案例非《啥是佩奇》莫属。这只粉红色的小猪在一开年就戳爆了大众的心。影片一经发布，就在微博、微信等社交网络走红，创造了 2.3 亿播放量、16 亿微博转发量，大量大 V 转发，成为一个现象级的爆款案例。《啥是佩奇》是一部广告宣传片，讲述的是一位乡下老大爷盼着儿子一家回老家过年，爷爷打电话问孙子过年想要什么礼物，孙子说想要佩奇，爷爷却不知道佩奇是什么，于是开始了一场询问村里人啥是佩奇之旅。询问的过程令人啼笑皆非，最后爷爷终于弄明白了佩奇是什么，然后就用鼓风机，造出了一个"硬核佩奇"。《啥是佩奇》为什么能火？它踩中了一个特殊的时间节点——过年，击中了不少人对故乡、亲人、阖家团圆的渴望之心。每逢佳节倍思亲，近两年，在过年前后主打亲情牌爆火的营销案例不止《啥是佩奇》一个。

资料来源：赵阳．2019 年 10 大经典营销案例盘点及分析——网络营销．（2019-12-17）[2020-07-05]．http://www.mysemlife.com/12546.

思考：《啥是佩奇》在网络上火爆的原因是什么？

项目七

综合实训——撰写市场营销策划书

职业知识

1. 理解市场营销策划的含义、作用与原则；
2. 了解市场营销策划的方法和步骤；
3. 掌握市场营销策划书的主要内容与格式。

职业能力

1. 具备市场营销策划所需的市场调研能力、分析能力、协调能力、决策能力及活动安排能力；
2. 锻炼撰写市场营销策划书的能力与技巧。

任务一　认知市场营销策划

任务导入

六个核桃提升人生智慧

2016年1月1日，首档科学真人秀节目《最强大脑》第三季强势开播，作为核桃乳行业领航者，养元集团于2016年开年之际，斥资2.5亿元强势冠名《最强大脑》第三季。《最强大脑》依托多年蝉联收视之冠的江苏卫视，又因诸多国内外脑力精英的倾力助阵，其业界分量不可小觑；而“六个核桃”以“提升人生智慧”为使命的品牌概念，以及多年来根植于消费者心中的“益智”完美形象，与《最强大脑》可谓强强联合，双方倾力打造“六个核桃——最强大脑”！

随着《最强大脑》的热播，“六个核桃”的品牌形象也进一步深入人心。节目的科学动脑理念也与“六个核桃”“提高人生智慧”的品牌概念相契合，冠名《最强大脑》可谓珠联璧合。冠名之后，“六个核桃”完成了华丽的转身，不仅销量一路攀升，品牌知名度也进一步提高。此次联手，养元集团还整合包括线上电视、平面媒体、户外广告、电波媒体以及网络在内的所有公共媒体资源，同时结合线下终端进行数万次路演宣传，使得“六个核桃”的消费者认同感也达到了一个新的高度。

任务分析

养元集团借助与其产品品牌理念十分契合的活动广告策划，赢得了广泛的市场知名度。那么，究竟什么是市场营销策划，如何开展市场营销策划呢？

知识对接

一、市场营销策划的含义、作用

（一）市场营销策划的含义

策划是指根据现有的资源信息，判断事物变化的趋势，确定可能实现的目标和预算结果，再由此来设计、选择能够产生最佳效果的资源配置和行动方案，进而形成决策计划的复杂思维过程。对企业而言，策划就是企业的策略规划，它包括从构思、分析、归纳、判断一直到拟定策略、方案的实施、事后的追踪与评估的全部过程。

市场营销策划是对企业未来营销行为的超前决策，是指企业在充分分析自己所处的内外部环境的基础上，有效利用各种信息资源，对企业在未来一段时间内将要实施的营销活动的目标、战略、预期结果进行策划，并设计出一套可行的企业营销活动方案。市场营销策划作为一种手段，是为了聚合企业的各种经济资源，为企业营造市场。营造市场就是要在市场调查和分析的基础上，通过各种富有新意的活动，唤起消费者的购买欲望，并通过企业的生产经营活动，向消费者提供能使其满意的产品或服务，引导他们进行消费，把潜在的消费者转化为现实的消费者。营造市场在一定程度上就是推广和介绍某种新的生活方式，推广某种消费观念，引导人们进行消费，并再产生出新的需要。市场营销策划是企业的市场营销活动得以顺利进行的基本保证，是企业进入市场、赢得市场竞争主动权不可缺少的重要手段。

（二）市场营销策划的作用

在现代管理中，营销的重要性已经被绝大多数企业认同，市场营销策划也已成为企业经营不可或缺的一部分。“企业离不开营销，营销离不开策划”，不进行市场营销策划的企业是没有活力、没有竞争力的企业，市场营销策划已是现代企业竞争必备的利器。

1. 市场营销策划有利于塑造市场导向型企业

市场营销策划的实质是对需求的策划，对顾客的策划。市场营销策划本身必须建立在对顾客需求、心理充分分析的基础上，才能使策划出来的方案有利于产品或服务的营销。

2. 市场营销策划有利于产品销量的提高

通过市场营销策划，企业能够认真分析所处的营销环境，辨明市场机会和竞争威胁，找到一个对企业来说比较有竞争优势的市场位置，引起消费者的关注和兴趣，从而激发消费者的购买欲望。

3. 市场营销策划有利于企业形象的提升

成功的市场营销策划，不但能使产品销量迅速提高，还能促进企业形象和企业核心竞争力的提升。

4. 市场营销策划有利于企业经营人才的培养

企业的竞争在很大程度上是人才的竞争。重视市场营销策划的企业，一方面要重用高素质人才，唯有如此，企业市场营销策划才能顺利地展开；另一方面，长期坚持科学的市场营销策划，又会极大地促进有关人员，包括经营者素质的进一步提高。这样，就形成了重视人才、培养人才、锻炼人才的良性循环。

市场营销策划和我们的生活很近，只要留心，就会发现，在电视报纸广告里、在超市商场中，凡是有商业竞争的地方，就会有市场营销策划。

二、市场营销策划的原则

市场营销策划是一项极其复杂的特殊决策活动，好的营销方案的设计，必须要严格地按照策划程序来进行；此外，市场营销策划必须以不损害消费者利益和有利于产品的销售为前提，这就要求企业在进行市场营销策划时要遵循必要的原则。

（一）信息性原则

当今世界已进入了信息时代，信息已成为企业资源的一部分。市场营销策划就是对这一特殊资源的充分利用，缺乏信息的市场营销策划很可能是失败的策划。

（二）战略性原则

市场营销策划不是对营销活动的某一个小环节或某一件具体的事情进行安排、处理，它必须要站在企业经营的战略高度对企业营销整个活动进行系统的、全方位的、具有远见性的策划。市场营销策划一旦完成，就成了企业相当长一段时间内的营销方针，企业的每一位营销人员，包括主管人员，都必须严格执行，贯彻到底。

（三）系统性原则

市场营销策划必须要站在企业全局经营的高度来设计与实施。

（四）公众性原则

公众的主体是消费者，除此之外，还有政府、社区、经销商、供应商、企业员工等。能否充分体现公众利益，是营销方案能否获得公众，尤其是消费者认同的关键。消费者不认同，营销方案就会失败。因此，企业必须要以公众的消费需求为中心进行市场营销策划。

（五）可行性原则

市场营销策划所设计出的方案是企业必须要具体实施的，如果方案很抽象、笼统、弹性很大，或者太理想化，脱离现实，都会导致方案无法实施或实施失败。

（六）效益性原则

如果进行市场营销策划后，企业营销的成本与利润的比率比不进行策划还高，那市场营销策划就失去了意义。企业进行市场营销策划，必须要争取以最小的投入产生最大的收益，或者是投入大，但收益要更大。否则，宁可不策划。

小思考 请进行自我测试，你是否明确市场营销策划的含义、作用以及开展市场营销策划应遵循的原则。

三、市场营销策划的方法

（一）主题法

微课：市场营销策划方法

主题是策划为达到某个目的而要说明的基本观点，是营销策划活动的中心内容，是策划书所要表达的中心思想，是企业进行有效策划的指向。一个完整的策划主题包括三个部分：一是理由，为什么要进行本次营销活动，即要达到的策划目标；二是主题，对营销内容进行浓缩提炼，让消费者一目了然，即提供给策划对象的信息；三是口号，口号是对主题的补充，用以建立与消费者的关系，加深记忆，同时也要考虑参与者的心理要求。

（二）点子法

从现代营销角度来说，点子是指有丰富市场经验的市场营销策划人员经过深思熟虑，为营销方案的具体实施所想出的主意与方法。

市场营销策划中的点子，是关于营销活动中某项事物的具体创意和创意的实施。一个点子可以展现整个营销策划的精华，是市场营销策划方案转化成经济效益的关键所在。

（三）造势法

造势法是指在营销活动实施前和实施过程中，企业通过对外宣传造势扩大影响，以提升企业形象、改善公共关系的一种方法。

（四）谋略法

谋略是指关于某项事物、某件事情的决策和领导实施方案。谋略的中心是一个“术”字，战术、策略、手段和方法在谋略中发挥着核心作用。

谋略起初在战争中广泛运用，成为古代兵法中的重要内容。诸葛亮草船借箭就是典型的谋略法。现代谋略则含有组织、管理、规划、运筹、目标、行为等多方面的内容，既有全局性、根本性，又有艺术性、方向性。

营销资料 7-1

雷诺公司的竞争谋略

美国雷诺公司本是一家小公司，它决定从阿根廷引进新产品圆珠笔到美国，却碰到两家大公司捷足先登，买了专利。于是，雷诺公司请工程师设计了一种新型的利用地球引力自动输送墨水的圆珠笔。由于缺少经费进行宣传，雷诺公司便想出一计，它毫无根据地到法院起诉这两家大公司，说它们违反了反垄断法，阻挠雷诺公司的生产和销售，要求赔偿100万美元。这引发了两家大公司的反控告，更引起了传媒的大肆报道，使雷诺公司一举成名。

（五）创意法

创意是指在市场营销调研的前提下，以市场策略为依据，经过独特的心智训练后，有意识地运用新的方法组合旧的要素的过程。创意其实就是要不断寻找各种事物间存在的一般或不一般的关系，然后把这些关系重新组合、搭配，使其产生令人意想不到的效果。创意法是市场营销策划的核心和精髓，许多市场营销策划的成功往往就来源于一个绝妙而大胆的创意。

营销资料 7-2

西铁城手表的营销策划

澳大利亚一家发行量颇大的报纸某日刊出了一则引人瞩目的广告，告知众人某日某时某广场上将空投手表，拾到者免费赠送。这则广告引起了人们的极大关注。空投那天，直升机如期而至，数千只手表从天空中纷纷落下，早已等候多时的来自四面八方的人们沸腾了，那些捡到了从几百米高空扔下的手表的幸运者发现手表依然完好无损，走时准确，因而兴奋不已，一个个奔走相告。西铁城的这一创举成为各新闻媒体报道的一大热点，使得西铁城手表的知名度大大提高，西铁城手表的质量更是令人叹服。

案例中西铁城手表的营销策划目标是扩大其知名度，于是这个策划的一切活动都是为了实现这一目标。虽然电视广告也能达到这一目标，但是一般的电视广告不具备创造性，也不会引起如此巨大的轰动。西铁城手表的策划者在促销活动中融入了自己的创意，运用飞机空投来表现手表的质量，这是一种史无前例的策划，并且这种策划就当时的条件来说是可以实现的。

四、市场营销策划的步骤

（一）了解现状

了解现状包括对市场形势、产品情况、竞争形势、分销情况以及宏观环境等的了解，具体如下。

1. 了解市场形势

包括探索市场规模大小，分析市场饱和程度，研究不同的购买情况，调查不同地域的市场表现等。

2. 了解产品情况

分析产品优劣势、市场表现，调查消费者对于产品的喜爱程度等。根据调查反馈的资料，找出产品的不足加以改进。

3. 了解竞争形势

调查市场竞争情况，对竞争对手有一个全面、具体的了解，包括现有竞争对手的竞争战略、产品市场占有率，竞争企业人力、物力、财力的储备情况，以确保针对竞争对手的实际情况制定行之有效的市场营销策划方案。

4. 了解分销情况

对各地经销商的情况及变化趋势要进行适时调查，了解它们的需求。分销商是企业最直接的信息来源，同时也是与企业关系最紧密的合作伙伴，只有多和分销商沟通，企业才能够找到产品的优劣所在，才能够更好地满足消费者的需求。

5. 了解宏观环境

要对整个社会大环境有所了解和把握，从中找出对自己有利的切入点。

（二）分析情况

只有对市场、竞争对手、行业动态有一个较为客观的分析，才能做好市场营销策划。分析情况是一个去粗取精、去伪存真的过程，是市场营销策划的前奏。

1. 机会与风险分析

分析市场上可能面临的风险，提前提出应对措施，做到有备无患。同时，需要看到机会所在，做好战略准备。

2. 优势与弱点分析

认清企业的强项与弱项，同时充分发挥优势，消除或弱化不足。

3. 结果总结

通过对整个市场综合情况的全盘考虑和各种分析，为制定营销目标、应当采取的营销战略和措施等打好基础。

（三）制定目标

企业要将自己的产品或品牌推出去，必须采取得力的措施，制定可行的计划目标。能否制定一个切合实际的目标是营销策划的关键。有的营销策划方案大有“浮夸”之风，脱离实际，目标定得过高，其结果必然与实际相差千里；而有的目标过于保守，同样也会影响营销组合效力的发挥。

（四）制定营销战略

1. 目标市场战略

目标市场战略是指采用什么样的方法、手段去进入和占领自己选定的目标市场，即企业将采用何种方式去接近消费者和确定营销领域。

2. 营销组合策略

营销组合策略是指对企业产品进行准确定位，找出其卖点，并确定产品的价格、分销和促销的政策。

3. 营销预算

营销预算是指执行各种市场营销战略、政策所需的最适量的预算以及各个市场营销环节、各种市场营销手段之间的预算分配。制定营销战略要特别注意产品的市场定位和资金投入预算分配。

（五）制定行动方案

一个统筹兼顾的行动方案能确保营销活动的有序开展，要选择一个合适的时间使产品上市，并且需要制定各种促销方案来保证产品能快速地吸引消费者的眼球。各个促销方案在时间和空间上也要做到相互搭配。

（六）预测效益

预测效益类似于可行性分析，需要编制一个类似损益报告的辅助预算，在预算书的收入栏中列出预计的单位销售数量以及平均净价；在支出栏中列出划分成细目的生产成本、储运成本及市场营销费用。收入与支出的差额就是预计的盈利。经审核批准后，它就成为有关部门、有关环节安排采购、生产、人力及市场营销工作的依据。

（七）设计控制和应急措施

设计控制措施的目的是便于操作时对计划的执行过程、进度进行管理，即把目标、任务和预算按月或季度分开，使企业及有关部门能够及时了解各个时期的销售实绩，找出未完成任务的部门、环节，并限期做出解释和提出改进意见。

设计应急措施的目的是事先充分考虑到可能出现的各种困难，防患于未然。可以扼要列举出最有可能发生的某些不利情况，提出有关部门、有关人员应当采取的对策。

（八）撰写市场营销策划书

市场营销策划书是市场营销策划方案的书面表达形式，也称企划案。编写规范的市场营销策划书将有助于策划人员和组织实施人员最大限度地了解策划者的意图和策划思想，从而在充分理解的基础上选择和执行营销方案。

任务二　撰写市场营销策划书

任务导入

套路年年有，为何只火了锦鲤信小呆？

2018 年 9 月 29 日，支付宝官微发了一条“祝你成为中国锦鲤”的微博，称将在 10 月 7 日抽取转发这条微博的一名粉丝为“中国锦鲤”，赠送一份超级大礼包。

十一期间，支付宝联合 200 多个全球商家在微博上发起了抽奖活动，要抽取一位幸运儿送上超级大礼包，最终获奖的概率约为 300 万分之一。

礼包里的奖品极其豪华，包括各种鞋包服饰、化妆品、各地美食、电影票、旅游免单、手机、机票、酒店等，涵盖衣食住行方方面面，合作伙伴有日本资生堂、加拿大温哥华旋转餐厅、泰国 EM 商场、香港海洋公园、万豪国际集团等全球各地的品牌商家。

获得了这个大礼包，就意味着可以免费去 40 多个国家游玩，衣食住行所有需要消费的地方都可以在支付宝合作伙伴那里通过刷支付宝免单。网友“信小呆”，就是被抽中的中国锦鲤。

超级豪华的礼品清单，刺激着大众的神经。活动上线6小时，微博转发就破百万，创造了企业微博历史纪录，并成为微博有史以来势头最大、反响最热烈的营销活动之一。

当大家还在好奇地搜寻“信小呆”为何人、“锦鲤”为何物时，这次活动的策划方支付宝，已经默默收获了超额的人气和流量，成为这场营销活动的最大赢家。

任务分析

在用户和消费者眼中，支付宝是一个超级IP的品牌形象。通过“锦鲤”这个文化元素，结合各种社会化媒体上“锦鲤”这个词原有的热度，打造社会化营销新高度，利用微博这个社交平台把全民积极性都调动起来，迅速引爆话题；在时间节点上，以节庆日为切入点，对境外支付进行大规模宣传营销，这是一场多赢的营销活动。在这次策划中，支付宝获得了人气，鼓励用户在更多场景下使用支付宝进行支付；品牌商家获得了品牌展示的机会，加强了和用户的互动；微博增加了用户的活跃度；获奖者获得了实实在在的好处。那么，市场营销策划书究竟应如何设计呢？

知识对接

一、市场营销策划书的格式

市场营销策划书是指企业根据市场变化和企业自身实力，对企业的产品、资源及产品所指向的市场进行整体规划的计划性书面材料。

市场营销策划书没有一成不变的格式，它依据产品或营销活动的不同要求，在策划的内容与编制格式上也有所变化。但是，从营销策划活动的一般规律来看，其中有些要素是相同的。市场营销策划书的格式一般情况下可以和市场营销策划的内容保持一致，其意义在于使市场营销策划书的制作效率化。规范的市场营销策划书的结构框架应包括以下几部分内容。

（一）封面

给一份市场营销策划书配上一个精美的封面是绝对不能忽略的，阅读者首先看到的就是封面，因而封面在某种程度上决定了整个策划书给阅读者的第一印象，从而对策划内容的形象定位具有很大影响。封面的设计原则是醒目、整洁，切忌花哨，至于字体、字号、颜色则应根据视觉效果具体确定。封面的制作要点如下：

（1）取一个简明扼要的标题（策划书名称）。题目要准确而不累赘，使人一看就能明了，有时为了突出主题或者表现策划的目的，可以加一个副标题或小标题。

（2）标出委托方。如果是受委托而进行的市场营销策划，那么在策划书封面上要把委托方的名称列出来，这里要注意的是不能出现错误。

（3）标明日期。日期应以正式提交日期为准，不应随随便便定一个日期，并用完整的年月日表示。

（4）标明策划者。一般要在封面的最下方标出策划者。策划者如果是公司，则列出企业全称。

（二）前言

前言的作用在于揭示为什么要做此策划，以引起阅读者的注意和兴趣。前言文字不能过长，字数可以控制在 1 000 字以内，包括以下内容：

(1) 简单介绍一下接受市场营销策划委托的情况，具体界定企业提出的策划目标。例如，×××公司接受××××公司的委托，就××年度的营业推广计划进行具体策划。

(2) 重点叙述为什么要进行这样一个策划，即把此策划的重要性和必要性表达清楚，这样就能吸引读者进一步去阅读正文。

(3) 就策划的概略情况，即在策划的指导思想下实施策划的过程以及策划实施后要达到的理想状态进行简要说明。

（三）目录

目录的作用是使市场营销策划书的结构一目了然，同时也使阅读者能方便地查找市场营销策划书的内容。如果市场营销策划书篇幅不大，目录可以和前言同列一页。列目录时应注意：目录中的页码不能和实际页码有出入，否则反而会增加阅读者的麻烦，同时也有损策划书的形象。

（四）概要提示

概要提示是对市场营销策划书的总结性陈述，能够使阅读者对市场营销策划内容有一个清晰的概念，便于阅读者理解策划者的意图与观点。概要提示的撰写要求简明扼要，篇幅不能过长，但不是简单地对策划内容进行列举。

（五）环境分析

环境分析一般应在外部环境和内部环境中抓住重点，描绘出环境变化的轨迹，形成令人信服的数据资料。环境分析的整理要点是明了性和准确性：明了性是指列举的数据和事实要有条理，使人能抓住重点；准确性是指分析要符合客观实际，不能有太多的臆断。

（六）机会分析

这一部分与前面的环境分析是一个整体，企业的机会与威胁一般通过外部环境分析来把握；企业的优势和劣势一般通过内部环境分析来把握。在确定了机会与威胁、优势与劣势之后，根据对市场运动轨迹的预测，就可以大致找到企业问题所在了。

（七）战略及行动方案

这是策划书最主要的部分，在撰写这部分内容时，必须清楚地提出营销目标、营销战略与具体行动方案。在制定营销战略与具体行动方案时，要遵循“对症下药”和“因人而异”两个基本原则。特别要注意避免人为提高营销目标以及制定脱离实际难以施行的行动方案，可操作性是衡量此部分内容的主要标准。在制定营销方案的同时，还必须制定出一个时间表作为补充，以使行动方案更具有可操作性。

（八）营销成本预算

营销费用的测算要有根据，像电台广告、报纸广告的费用等最好列出具体价目表，以示准确。此部分的要求是简单明了，切忌累赘。如价目表过于详细，可作为附录列在最后。

（九）行动方案控制

此部分内容不用写得太详细，只要写清楚对方案的实施过程的管理方法与措施即可。

（十）结束语

与前言呼应，使策划书有一个圆满的结束，主要再重复一下主要观点并突出要点。

（十一）附录

其作用是提供策划客观性的证明。凡是有助于阅读者对策划内容的理解、信任的资料都可考虑列入附录。

二、市场营销策划书的主要内容

（一）策划任务分析

对市场营销策划的目标以及实施过程中需要经历的各个阶段加以具体界定；明确企业所要达到的预期目标，以及为了达到目标所需要付出的努力。

（二）目前营销状况

1. 市场情况

市场范围有多大，包括哪些细分市场，市场及细分市场近几年营业额有多少，顾客需求状况及影响顾客行为的各种环境因素等。

2. 产品情况

产品组合中每个品种的价格、销售额、利润率等。

3. 竞争情况

主要竞争者有哪些，各个竞争者在产品质量、定价、分销等方面都采取了哪些策略，它们的市场份额及变化趋势等。

4. 分销渠道情况

各主要分销渠道的近期销售额及发展趋势等。

（三）营销策划分析

营销策划分析包括 STP 分析、营销环境分析、SWOT 分析等。

1. STP 分析

STP 分析是策划的基础。它是指通过市场分析细分市场（segmenting）、确定目标市场（targeting）和市场定位（positioning）的过程。

2. 营销环境分析

营销环境分为微观环境和宏观环境。微观环境主要包括：企业内部环境、供应商、营销中介商、顾客、竞争者、社会公众。宏观环境主要包括：人口环境、经济环境、自然环境、政治法律环境、科学技术环境、社会文化环境。

3. SWOT 分析

SWOT 分别代表优势（strengths）、劣势（weaknesses）、机会（opportunities）、威胁（threats）。利用这种方法可以找出对自己有利的值得发扬的因素，以及对自己不利的应该去避开的东西，发现存在的问题，找出解决的办法，并明确以后的发展方向。

SWOT 分析分为两部分：第一部分为 SW，主要用来分析内部条件；第二部分为 OT，主要用来分析外部条件。

根据机会与威胁程度的高低，可以把企业的业务划分为四种类型：（1）理想业务，即高机会、低威胁的业务；（2）冒险业务，即高机会、高威胁的业务；（3）成熟业务，即低机会、低威胁的业务；（4）困难业务，即低机会、高威胁的业务。

企业面临环境机会时，通常有以下三种策略：（1）及时利用策略；（2）等待时机，适时利用策略；（3）果断放弃策略。

企业面临环境威胁时，通常有以下三种策略：（1）对抗策略，也称抗争策略；（2）减轻策略，也称削弱策略；（3）转移策略，也称转变或回避策略。

（四）营销目标确定

营销目标是在分析企业营销现状并预测未来的威胁和机会的基础上制定的。营销目标也就是在本计划期内要达到的目标，主要包括市场占有率、销售额、利润率、投资收益率等指标。

（五）营销策略

营销策略是指达到上述营销目标的途径或手段，包括目标市场的选择和市场定位战略、营销组合策略、营销费用策略等。

（六）形成策划方案

这一部分是市场营销策划的核心内容，策划方案应以前几部分内容为依据，在力求具体的同时突出要点。方案需要将不同阶段的行动分解，需要说明行动要达到的目的是什么、需要做什么，以及预期的效果是什么。

（七）营销活动效益预期和营销成本估算

这一部分主要是对策划方案的预期效益进行分析和说明，并对设计的营销行动方案进行费用测算。费用测算方案要和行动方案保持对应关系，要把营销方案中的每一项行动的具体费用都计算出来。如电视广告在不同时段、不同频道的费用，报纸广告在不同版面、不同尺寸的费用，营业推广在各种场合的费用等，要求策划者事先都要了解清楚。能否保持营销行动方案与营销成本的和谐统一也是衡量策划水平的一个重要标准。

策划方案必须说明执行该方案可以得到什么样的收益，需要什么样的资源支撑。策划是追逐利润的过程。好的方案不但要说明应该怎么做，还要说明为什么，会怎么样。

（八）控制

为了保证设计好的行动方案得以顺利实施，必须对整个行动方案的实施全过程予以控制，对策划方案的实施风险进行预期估计，并对控制方法和应变措施加以说明。主要包括：(1) 各阶段营销目标实现情况的衡量指标，以及策划方案最终效果的表现形式和检测方法；(2) 对偏离目标的行为进行控制与纠正的方法与手段；(3) 对执行方案的营销队伍的组织与管理；(4) 对于因环境变化而出现的突发情况的预期估计及采取的应变措施；等等。

在营销策划方案的实施过程中还应该注意：随着时间的推进，企业所处的环境可能发生变化，原先制定的方案可能不适应变化了的环境，因而，营销策划方案的制定是一个动态的可修改的过程。

小思考 请进行自我测试，你是否掌握了市场营销策划书的格式和内容？能否结合市场营销调研为某种产品设计一份市场营销策划书？

范文

德克士加盟店营销策划书

策划单位：德克士加盟店

编制日期：2018 年 2 月 20 日

目录

一、任务概述

德克士是中国西式快餐特许加盟品牌中较大的加盟连锁舒食快餐企业，德克士炸鸡起源于美国南部的得克萨斯州，1994 年出现在中国成都。1996 年，顶新集团收购德克士，并投入 5 000 万美元，健全经营体系，完善管理系统，并重新建立了 CIS 系统。德克士以咔滋咔滋的“脆皮炸鸡”和新舒食特色产品“米汉堡”，在竞争激烈的西式快餐市场稳坐一席之地。德克士的口味也符合国人的要求，在中国占有一定的地位。德克士在高速且平稳地向前发展，已成为中国餐饮业一颗闪耀的新星。

为迎合市场需求，根据市场变化调整产品供给，使其更符合国人的要求，提高餐饮市场竞争力，特制定此营销策划书。

二、营销环境分析

(一) 宏观环境分析

1. 经济方面

我国是世界上最大的发展中国家，有广阔的发展前景。中国作为全球第二大经济体，经济增速仍然领先。德克士在中国的发展是有良好的物质基础的，这有利于德克士的发展。

2. 政治方面

2015 年 4 月《中华人民共和国食品安全法》首次修订，这为德克士在中国的发展提供了更全面的法律保障。

国家质检总局发布《2016 年中国进口食品质量安全状况白皮书》，为我国食品产业质量安全管理与发展战略提供了基础数据支持。这为德克士的原料安全提供了保障，也激励了德克士中国公司不断完善自己，提高自己的能力，为顾客提供更加安全的食品，让顾客更加满意。

3. 文化方面

家庭聚会时家长们会选择孩子们喜欢的餐厅，德克士在孩子们中较受欢迎。随着生活水平的提高，越来越多的中国人选择在节假日结伴出游，这也会为德克士带来很多顾客，有利于它的发展。

4. 科技方面

21 世纪是信息化发展的时代，网络营销成为众多商家必用的营销渠道。一方面，可以借助网络更好地推广德克士的产品，为其招徕更多的顾客。另一方面，可以通过网络渠道，扩大德克士的知名度，增加销售效益。

（二）微观环境分析

1. 市场状况

德克士在 1996 年到 1998 年间，曾一腔热血地与麦当劳、肯德基在一线城市进行正面对抗，短短两年间就在 13 个大城市建立了 54 家直营店。但由于品牌影响力太小、运营成本居高不下，德克士持续亏损。在这种情况下，德克士不得不忍痛断腕关闭了北京、上海、广州等地区的分店。随后德克士吸取教训，向麦当劳、肯德基无暇顾及的国内二、三线城市进军，主攻西北市场。在进入城市的选择上，德克士只选择部分地级市和县级市；在商圈的选择上，除了秉承“城市内最繁华地段或人流量最大的大型超市或商场”这一基本选址要求，德克士还在主商圈、社区以及学校周围等商圈进行不同规格店铺的选址。凭借在二、三线城市的优势，德克士已经成为西式快餐市场上的主要竞争者之一。

2. 竞争状况

在快餐行业，肯德基和麦当劳的名气比德克士要大很多，而且它们的经营范围也特别广，深入了各个地区。它们还能根据当地人的饮食习惯来改善自己的营业模式，或增加当地人喜欢吃的食物并做得更有特色，以此赢得人们的喜爱。而德克士在这些方面都还有很大的改善空间，当前德克士的菜品较前两者来说较少且少了点新意，而且推广范围也受限，广告力度不够强。总之，德克士中国公司在很多方面都还需要完善。

3. 产品状况

总的来说，德克士的产品特点不突出。德克士主要提供炸鸡汉堡和米饭，而在炸鸡汉堡上有肯德基、麦当劳，在米饭上有传统中餐和乡村基这样的中式快餐，它们的产品都独具特点，这就使德克士的产品显得较为单一。且在服务上，在营业高峰期时效率低，这也使德克士的顾客流量大打折扣。

三、SWOT 分析

（一）优势（S）

（1）中国经济的快速发展使得德克士的发展有了物质保障。

（2）德克士的加盟费比肯德基、麦当劳要便宜很多。

（3）独特的开口锅炸鸡方法，使炸鸡金黄酥脆、鲜美多汁，更适合国人口味。

（4）德克士在产品和服务上走的是多元化路线，更受人们的欢迎，更容易在这个快速发展的快餐行业中生存下来。

（5）德克士的餐厅食品售价比麦当劳、肯德基更便宜实惠，更易被大家接受。

（二）劣势（W）

（1）一线城市市场份额较少，还无法与肯德基、麦当劳正面竞争。

（2）新产品的更新速度比较慢，与肯德基、麦当劳相比有一定差距。

（3）宣传力度还不够，导致很多人还不了解。

（4）品牌的知名度与美誉度不够高。

（三）机会（O）

（1）加盟条件相对较低，容易迅速扩大规模。

（2）德意卡的推出也能增加顾客的消费欲望。

（3）中国的经济状况比较好，有利于德克士的发展。

（4）与顾客关系较为融洽，市场潜力非常大。

（四）威胁（T）

（1）知名度不及肯德基、麦当劳。

（2）宣传力度没有麦当劳、肯德基大。

（3）肯德基、麦当劳的加盟店不断增多，对市场的影响力不断加强，德克士的发展会受到阻碍。

（4）替代品很多，且替代品威胁程度比较高。

四、目标市场分析

（一）市场细分

（1）按消费心理因素细分消费者市场：一些追求价格实惠，而且又追求卫生又希望享受到西式快餐的人群；收入不多而又要求质量好的人群。

（2）按照人口因素细分消费者市场：针对家庭、朋友、同学、情侣，在向顾客传达德克士的美味的同时又使其感受到一种十分温馨的感觉。

（3）按照行为因素细分消费者市场：喜欢快餐；对快餐质量有要求，又要求实惠，经常吃西式快餐；西式快餐的随机消费者；对快餐不排斥，但也不热爱，偶尔吃一次西式快餐，但西式快餐不是其生活中必不可少的食品。

（4）按照地理因素细分消费者市场：一些特大城市、沿海地区经济发达的一线城市；内陆经济相对发达的二、三线城市。

（二）目标市场

德克士走“小城市包围大城市”的策略，所以发展重点在二、三线城市，在很多地方，德克士是当地第一家西式快餐店。那些收入相对较低但是又想享受西式快餐、注重卫生、追求实惠、渴望享受美味并且追求休闲的人群，就是德克士的目标市场。

（三）市场定位

德克士将自己定位为实惠而美味的西式快餐，以中国的普通大众人群为主流，并且提供了一个休闲实惠又快乐的社交场所，使德克士不仅仅是吃快餐食品的地方，更是人们在感觉累了的时候去享受休闲快乐的地方，实现了食品美味可口实惠，人亦快乐轻松休闲。

五、营销战略

（一）竞争态势

由于肯德基、麦当劳、华莱士等的快速发展，德克士在快餐行业中面临着巨大的压力，特别是肯德基、麦当劳，不但发展得很快，也很会适应当地风俗，改善自己的不足，满足群众的要求。所以德克士在很多方面都需要完善，特别是菜品和加盟店的数量都要增多才可以。

（二）战略模式

(1) 增加加盟店的数量，特别是在二、三线城市，要让更多的人知道和了解德克士。

(2) 根据当地的特色提供一些特色菜，以适合当地人的口味。

(3) 线上线下做好广告宣传，让大家了解德克士。

六、营销策略

（一）产品策略

1. 提高餐饮质量，推出特色产品

(1) 餐厅可以针对不同客源研究出不同特色的食品以满足顾客需求。

(2) 坚持推出绿色、健康的食品。

(3) 推出有别于竞争对手的食品。

2. 推出组合产品

(1) 将一些食品完美搭配，形成套餐吸引顾客。

(2) 根据节假日推出不同种类的主打食品。

（二）价格策略

每家德克士都会在价格大致不变的情况下，根据房屋租金、物价来调整自己的优惠程度。目的就是确保每个时间段都有客源，在节假日更要提高销售业绩。

（三）渠道策略

在连锁加盟上采用“加盟连锁为主，直营连锁为辅”的战略。加盟连锁方式则以“特许加盟为主，合作加盟为辅”，充分考虑国内中小投资者的不同处境和经营观念，根据店面地点和类型的不同，设置合理的加盟费用，以迅速吸引大批加盟者。

（四）促销策略

1. 灵活促销

采用自下而上与自上而下相结合的灵活的促销策略，每个加盟店根据自身情况提出促销措施，上报公司讨论通过即可立刻实施，以更低成本和更有效的方案吸引回头客。

2. 店内促销

(1) 消费者消费后，赠送优惠券，促进顾客再次消费。

(2) 一次性消费 100 元以上赠送会员卡，凭会员卡可享受打折优惠。

(3) 凭借当地居民身份证可享受 9.5 折优惠。

(4) 购买某些套餐赠送礼品。

(5) 周一、周三享受全场 8.5 折优惠。

(6) 每年选择不同时期给予消费者凭借其他西式快餐的优惠券也可以享受折扣的优惠。

七、费用预算

以 3 000 家餐厅为准预估本次营销费用。

(一) 促销费

(1) 宣传单：0.08 元/张×1 000 张×3 000 门店＝240 000 元

(2) 促销海报：0.08 元/张×3 000 门店＝240 元

(3) 宣传支架：3.6 元/个×3 000 门店＝10 800 元

宣传费共计 251 040 元

(二) 广告费

(1) 网络广告费。

$$\text{网络广告费}=\left(\text{固定播放单价}+\text{选择播放单位加收价格}+\text{指定时间段顺序加收价格}\right)\times\text{播放次数}\times\text{播放天数}$$

$$=(40+40\times20\%+40\times20\%)\times5\,000\times15$$

$$=420\text{ 万元}$$

(2) 代言广告费 150 万元。

促销费和广告费共计 5 951 040 元

八、方案调整

(1) 增加加盟店的数量，特别是在城市的二、三环，让更多的人品尝到德克士的美味。创新德克士产品，使顾客品尝到家乡的味道（德克士的食品要入乡随俗）。

(2) 在节假日进行一些促销活动来吸引顾客，增加人流量。

(3) 利用网络做好宣传。

(4) 完善网上订餐服务，并提供外卖服务，使顾客不用出门就能吃到德克士的美味佳肴。

(5) 制定员工奖惩制度，调动员工的积极性，更好地服务于顾客。

实战范例 7-1

天猫 618 大礼包

在 2017 年天猫 618 活动前，天猫发布微博，宣布将从转发微博的用户中赠送一份“天猫 618 大礼包”，并提示会有商家在评论区留言送礼，该条微博最终获得了 48.4 万的转发量。如图 7-1 所示。

图 7-1　天猫 618 大礼包

任务三　实战演练

实战演练 1　为蓝莓饮料上市提供点子或创意

【实训任务】

要求学生以玉田公司营销人员的身份为玉田公司开发生产的蓝莓饮料上市提供点子或创意。

【实训目标】

掌握市场营销策划的点子法或创意法，并能运用该方法为公司蓝莓饮料上市提供营销策划点子或创意。

【实训要求】

5～7 人组成小组，开展小组讨论，提出营销策划的点子或创意。

【实训步骤】

（1）教师对市场营销策划的点子法或创意法的运用给予指导。

（2）学生根据市场营销策划点子法或创意法的要点，为公司蓝莓饮料上市提供点子或创意。

（3）教师点评。

实战演练 2 撰写市场营销策划书

【实训任务】

本实训是综合技能实训，要求学生以小组为单位，把市场营销策划理论应用于营销实践，联系有关项目或资料，完成约 5 000 字的市场营销策划书。

【实训目标】

通过综合技能实训，使学生认识到市场营销策划是企业最重要的一个管理环节。本实训是团队训练项目，市场营销策划方案的设计过程能够培养学生的团队意识，增强他们的合作能力，使每一位学生积极投入训练，认真进行资料搜集，提出自己的想法和建议，共同设计出优秀的策划方案，从而提高学生的综合素质。

【实训要求】

要求学生认识到市场营销策划书的撰写不同于一般文章的写作，必须了解有关产品及其相关资料，要调查市场上同类产品的销售资料，要搜集市场需求资料，要开展小组讨论、提出设计方案，最后才能撰写完成市场营销策划书。

【实训步骤】

（1）教师对市场营销策划书的实践应用价值给予说明，调动学生实训操作的积极性。

（2）教师对市场营销策划书的撰写步骤、内容、格式进行具体指导。

（3）学生根据市场开发项目有关资料及市场营销策划方案的设计要求，完成市场营销策划书的撰写任务。

（4）教师提供市场营销策划书范例，供学生参考。

项目小结

1. 市场营销策划就是企业在充分分析自己所处的内外部环境的基础上，有效利用各种信息资源，对企业在未来一段时间内将要实施的营销活动的目标、战略、预期结果等进行策划，并设计出一套可行的企业营销活动方案。

2. 市场营销策划书是指企业根据市场变化和企业自身实力，对企业的产品、资源及产品所指向的市场进行整体规划的计划性书面材料。

职业技能测试

职业技能测试答案

一、多选题

1. 下列属于市场营销策划的原则的是（　　）。

A. 细分原则　　B. 信息性原则

C. 战略性原则　　D. 效益性原则

2. 在市场营销策划中，了解现状具体包括（　　）。

A. 了解市场形势　　　　B. 了解产品情况

C. 了解分销情况　　　　D. 了解竞争形势

E. 了解宏观环境

3. 市场营销策划书封面的制作要点包括（　　）。

A. 标出委托方　　　　B. 标明策划者

C. 取一个简明扼要的标题　　　　D. 标明日期

二、判断题

1. 市场营销策划书要取一个引人入胜的标题（策划书名称），题目的确定要准确而不累赘，使人一看就能明了。（　　）

2. 市场营销策划书封面标明的日期应以正式提交日期为准。不应随随便便定一个日期，并用完整的年月日表示。（　　）

3. 市场营销策划书概要提示的撰写要求简明扼要，篇幅不能过长，即简单地对策划内容进行列举。（　　）

三、简答题

1. 企业开展市场营销策划的步骤有哪些？

2. 简述市场营销策划书的格式。

3. 简述市场营销策划书的主要内容。

四、案例分析题

认真做味道　良心做品质

源于巴渝的小龙坎老火锅自 2014 年从十余张火锅桌起步，发展到 2019 年，门店数量已经超过 800 家，并且在新加坡、日本、墨尔本、悉尼、温哥华、多伦多、奥克兰等地均设有门店。小龙坎曾荣获 2014 年度大众点评网“最佳餐厅”、第十二届成都国际美食节火锅类评选第一名、2015 成都十大最红火锅等多个殊荣。在“2019 成都全球创新创业交易会”上，小龙坎作为成都本土创新创业的典范，亮相此次展会。

小龙坎老火锅，从创始时期至今，坚持“认真做味道，良心做品质”的经营理念，致力于为顾客带来纯正锅底口味、新鲜健康食材和推陈出新的菜品。2018 年 11 月，小龙坎成都十二店升级开业，“4D 透明厨房”亮相。公司引进厨房 4D 现场管理理念，打造 18～20 度恒温厨房，采用不锈钢材料作为整体墙面，可清洗。新增驱鼠器、垃圾房等配套，明厨亮灶。厨房使用双向通道，分离出菜和回餐区，保证菜品干净、新鲜、卫生。提供门店员工健康证、经营许可证展示，建立顾客参观系统。同时通过设置隔断矮墙、实时监控操作流程等方式，达到食品安全可视化，全影像立体化展示。

小龙坎老火锅还以“大红灯笼高高挂、手绘门神镇八方”，青砖墙、木桌椅、水流、鲤鱼跃龙门等元素打造川西民居装修风格，以“忠义关云长、勇猛赵子龙、智慧诸葛亮”为主题，表达小龙坎老火锅“忠义千秋”的理念，开展营销策划活动，打造自己的品牌形象。

如今，小龙坎以更加时尚、潮流、多元化的品牌形象，为顾客带来更加多样、新颖的美食体验。

思考：是什么让小龙坎这家成立才几年时间的餐饮连锁企业迅速走红，成为国内外的明星品牌？

参考文献

[1] 菲利普·科特勒，等. 营销管理（亚洲版）. 6 版. 北京：中国人民大学出版社，2018.

[2] 于丽艳. 市场营销. 2 版. 上海：上海财经大学出版社，2020.

[3] 方志坚，章金萍. 营销策划实务与实训. 2 版. 北京：中国人民大学出版社，2015.

[4] 郭国庆，等. 市场营销学. 6 版. 北京：中国人民大学出版社，2019.

[5] 吴文娟，李曾逵，王晓云. 市场营销理论与实务. 南京：南京大学出版社，2016.

[6] 张岩松，徐文飞. 市场营销：理论·案例·实训. 北京：清华大学出版社，2017.

[7] 王水清. 市场营销基础与实务. 北京：北京邮电大学出版社，2012.

[8] 刘燕贞. 分销渠道管理. 长沙：湖南师范大学出版社，2013.

[9] 张晋光，黄国辉. 市场营销. 3 版. 北京：机械工业出版社，2017.

[10] 钟旭东. 市场营销学. 2 版. 上海：格致出版社，2019.

[11] 晁钢令，等. 市场营销学. 5 版. 上海：上海财经大学出版社，2019.

[12] 王志刚，等. 市场营销策划. 北京：中国轻工业出版社，2018.

[13] 段光中. 市场营销基础与实务. 西安：西安电子科技大学出版社，2018.

[14] 陈建萍，杨勇. 管理经济学. 北京：中国人民大学出版社，2018.

[15] 岳俊芳，吕一林. 市场营销学. 5 版. 北京：中国人民大学出版社，2019.

[16] 林小兰. 市场营销基础与实务. 3 版. 北京：电子工业出版社，2020.

图书在版编目（CIP）数据

市场营销实战 / 李英，王喜庆主编. --北京：中国人民大学出版社，2021.3
21 世纪高职高专规划教材. 经贸类通用系列
ISBN 978-7-300-29016-4

Ⅰ.①市… Ⅱ.①李…②王… Ⅲ.①市场营销学-高等职业教育-教材 Ⅳ.①F713.50

中国版本图书馆 CIP 数据核字（2021）第 023356 号

21 世纪高职高专规划教材·经贸类通用系列
市场营销实战
主　编　李　英　王喜庆
副主编　沈淑荣　郭红秋　郭悦娥
参　编　徐玉萍　楚　明　吴　奕　范晓娟
Shichang Yingxiao Shizhan

出版发行	中国人民大学出版社		
社　　址	北京中关村大街 31 号	**邮政编码**	100080
电　　话	010－62511242（总编室）		010－62511770（质管部）
	010－82501766（邮购部）		010－62514148（门市部）
	010－62515195（发行公司）		010－62515275（盗版举报）
网　　址	http://www.crup.com.cn		
经　　销	新华书店		
印　　刷	北京鑫丰华彩印有限公司		
规　　格	185 mm×260 mm　16 开本	**版　　次**	2021 年 3 月第 1 版
印　　张	11.5	**印　　次**	2021 年 3 月第 1 次印刷
字　　数	275 000	**定　　价**	32.00 元

版权所有　侵权必究　　印装差错　负责调换